ラスト3か月の学級づくり

辻川 和彦 著
KAZUHIKO TSUJIKAWA

明治図書

はじめに――終わりよければすべてよし!?

「始め方」には力を入れるのに……

本書は「終わらせ方」の本です。

それも、「最後の1日」や「最後の授業」だけを扱うのではありません。「1～3月のラスト3か月」という長丁場について書いた本です。

なぜ、このテーマを取り上げたのか?

「黄金の3日間」「最初の3か月」などの有名なキーワードを、教師のみなさんならご存じでしょう。そう、「始め方」がその1年を左右するほど大切であることは、すでによく知られています。だからこそ、誰だって、年度はじめは力を入れて学級づくりや授業づくりをするのです。

ところが、そのように「始め方」には力を入れるのに、「終わらせ方」には無頓着だったり、力を入れるのはせいぜい最後の1日や最後の授業だけだったりします。

また、いい終わらせ方をしようと思っていても、日々の授業や生徒指導、保護者対応などに疲れはててしまい、年度末に近づく頃にはすっかり意欲がなくなってしまっていることもあります。

あなたは、どうでしょうか？ 去年やおととしを思い返してみましょう。

その日その日をただやりすごすだけになっていなかったでしょうか？ 学級がうまくいかずに、「早く4月にならないかな」と、学級をリセットすることばかり考えていなかったでしょうか？

いずれにしても、4月の頃の意欲や希望がなくなり、惰性で毎日を過ごしてしまっている教師は多いのです。

教室は〝連続ドラマ〟だ！

みなさんにも、好きなドラマ番組があることでしょう。誤解を恐れずにいえば、

毎日の教室の営みは、このような〝連続ドラマ〟なのです。

ドラマにもいろいろあります。

前評判はよかったのに、始まってみたら低視聴率が続くドラマもあれば、逆に、最初はあまり話題になっていなかったのに、しり上がりに視聴率が上昇していくドラマもあります。それはまさに、あなたの学級に対する子ども・保護者の満足度や充実度にも通じます。

そして、第1話と並んで、ドラマで一番重要なのは最終回です。

もし、そのドラマが最終回で、それまでの伏線も回収せず、何の盛り上がりもなく、唐突に終わったら、「あのドラマ、途中まではよかったのにね」といわれる、残念な終わり方になってしまいます。しかし、途中が少々ツマラナくても、徐々に盛り上がり、じゅうぶんに満足できる最終回だったら、「あー面白かった！」という印象が残ります。

学級も同じです！　1〜2学期に少々のトラブルがあっても、最終回、そして最終回へ向かうラスト数回が充実し、どんどん盛り上がれば、子どもたちも保護者も満足してその学年を終えることができます。

その「最終回、そして最終回へ向かうラスト数回」が、教室での「ラスト3か月」、つまり1〜3月にあたるのです。

〝あと少し〟だからこそ、攻めの学級経営を！

何も考えなくても、修了式の日になればその1年の活動は終わります。でも、どうせなら、子どもも保護者も、そして教師も満足して終わる1年にしたいと思いませんか？場当たり的な毎日や惰性で過ごす日々では、充実した「終わらせ方」はできません。「終わりよければすべてよし」という言葉があります。教室の場合、〝終わり〟の日だけでなく、そこに向かうラスト3か月を充実させてこそ、その1年が〝すべてよし〟で終えられるのです。

本書が、4月の頃の希望や情熱を思い出し、あとひと踏んばり頑張ろうとしている教師に、ラスト3か月を充実させるための示唆を提供することができれば望外の幸せです。

〝あと少し〟だからこそ、ここでもう一歩、攻めの学級経営をやってみませんか？

辻川和彦

Contents

Contents

第4章　3月　別れは軽やかに

第1章

冬休み
ゴールを意識した準備を

意識づくり

ラスト3か月に目指す子ども像を再設定する

完ぺきを求めるな！　12月までの子どもの姿を知っている担任だからこそ、観点を最小限に絞って戦略を練ろう!!

春休みと冬休みの違い

突然ですが、担任教師にとって、春休みと冬休みの違いはなんでしょうか？　気温？　休日の数？　いえいえ、そんなことではありません。「担任教師にとって」というところがポイントです。

……それでは、正解を。担任教師にとって春休みと冬休みの違いとは、

春休みは1学期に担任する子どもたちのことをまだ知らないけれど、冬休みは担任している子どもたちのことをすでに知っている

ということです。「そんなこと、当たり前じゃないか」と思ったあなた。これ、実に大きなことなのです。担任教師は、4~12月の間の子どもの姿を知っているわけです。だからこそ、冬休みにぜひやってほしいことがあります。それは、

12月までをふり返り、ラスト3か月で目指す子ども像を再設定することです。

つまり、12月までの反省を踏まえて、「1~3月に目標とするのは、どんな子どもの姿なのか」をイメージするのです。

さあ、12月までの子どもたちの姿を思い出してみましょう。それは、あなたが理想とする子どもの姿でしたか？　ひとりやふたりは「理想的ですばらしい子ども」もいたかもし

れません。でも、クラス全員がそのような状態になることは、まずないでしょう。

ふり返ってみると、「もっと、こういう姿を見せてほしい」「この分野で、もっと頑張れたはず」という子どもの姿があったはずです。それは、教師として、担任として、子どもたちをうまく伸ばすことができなかったという反省点でもあります。

その反省を踏まえて、1~3月に目指す子ども像を再設定しましょう！　12月までの姿をもとにして、3月までにどこまで求めるのかをイメージする……これは、4月にはできないことです。目指す子ども像を再設定することで、その子ども像に向けて「どんな言葉かけをしていけばいいかな」「こういう係を担当させれば、活躍するんじゃないかな」という戦略を冬休みの間に練っておくことができるのです。

ふり返りの観点を少なく絞って効果を上げる

ふり返る観点には、例えば次のようなものがあります。

【学習面】用具の準備・文字のていねいさ・理解度・家庭学習の取り組み方

【生活面】挨拶、返事・後片づけ・掃除当番の取り組み方・給食当番の取り組み方
【友達関係】友達との言動（言葉づかい・いじりやからかい）・休み時間の表情・一緒にいる友達の変化

他にも、【家庭学習】【係活動】【委員会活動】等々、様々な観点があります。

このようなことの、「きちんとできている」「声をかければできる」「やろうと努力している」「できるけれど声をかけてもやろうとしない」「できない」などをふり返ります。すべての観点について全員を見ようとすると大変ですが、12月までの姿を知っている担任だからこそ、「この子は、ここを中心に見ていこう」と観点を絞ることができます。

残された日数は多くありません。「すべての観点について、理想的な状態にできるはずがない」と割り切りましょう。割り切った上で、「それでも、これだけは」という部分に絞り、手立てを講じ、その子の変容を見定めていくのです。あまりよくばってはいけません。高いレベルを求めすぎないようにしましょう。

もちろん、他の観点をあきらめて放置するわけではないので、勘違いしないでくださいね。

〝自立〟の視点をもつ

「どのような子を育てたいか」を意識することで指導が変わる！
「自立している子ども」を具体的に イメージしよう！

「自立している子ども」をイメージする

子どもを育てる視点の1つに、〝自立〟があります。「自立した子ども」を育てる……いい響きですねえ。ぜひ、育てたいものです。

でも、その前に次のことをやってみてください。

「自立している子ども」を具体的にイメージする

このイメージが教師になければ、「自立した子ども」を育てることはできません。

そもそも、自立ってなんでしょう？　広辞苑によると、「他の援助や支配を受けず、自分の力で判断したり身を立てたりすること。ひとりだち」とあります。教師の助けや支配を受けず、自分の力で判断したり何かをやろうとしたりする、ということでしょうか。

次に、自立とは正反対のものをイメージしてみましょう。例えば……誰かに依存してばかりの子。指示がないと動かない子。教師がいないとちゃんとできない他律的な子。きついことや面倒なことは避けたがる子。このように、自立の〝逆〟を考えることで、「自立している子」のイメージがはっきりしてきます。

このような視点で子どもたちを見てみると、今までとちょっと違った見方ができるかもしれません。あなたの学級の子どもたちを、よく思い出してみてください。一見、きちんとしているように見える子どもでも、実は「叱られるから」「罰があるから」といった理由で動いていることもあります。それでは、自立した子どもとはいえませんね。

自立ってなんだ?

自立を考えるとき、私はいつも後ろめたい気持ちになります。それは、私自身が自立しているといえるのか、自信がないからです。教師として、人間として、他の教師や家族に依存的ではないのか?と。そして実際、私は依存的な人間なのです。そんな人間が「自立しなさい」と子どもたちに言えるのでしょうか。

まあ、そんなことを言っていたら、よほど完ぺきな人間しか教育という仕事に携われなくなるわけで、ほどほどにしておいた方がいいのでしょうけれど、やはり気になります。

ただ、自立とは「依存先を増やすこと」という考え方もあります（人権情報誌『TOKYO人権』第56号・熊谷晋一郎氏のインタビュー記事より）。いろいろな人に頼ったり助けを求めたりすることで、自分のやりたい道を切り開いていく。これも立派な自立というわけです。あまり高尚なことを考えず、「わからないときは先生に聞きなさい」という指導も、立派な自立した子どもを育てることにつながるのかもしれません。

「自立した子を育てる」といえば、築地久子氏の実践が有名です。(『築地久子の授業と

学級づくり2　自立した子を育てる年間指導』落合幸子・築地久子著　明治図書）

この書によると、築地氏は綿密な布石を打ち、1年間かけて育てています。やはり、自立って一朝一夕にはいきません。逆にいえば、それくらいやらないと「自立した子ども」を育てることはできないのです。興味のある方はぜひこちらの書をお読みください。

教師の意識が変わると指導が変わる

築地氏でさえ1年間かけるのです。もし、あなたがこの冬休みまで「自立した子ども」を目指す取り組みを何もしていなかったのであれば、今から高い目標を立てることはやめましょう。子どもたちを急いで変えようと思うと、無理な指導を強いてしまいます。

でも、高い目標には届かないからといって、何もするなというわけではありません。一歩でも歩み始めることは、次年度に生きるかもしれないのです。

「自立的な子どもを育てよう」と教師が考えていれば、教師がすぐに正解を与えたり、教師の強権を使って子どもを動かそうとしたりはしなくなるでしょう。教師が「どのような子どもを育てたいか」を意識することで、指導の在り方が変わってくるのです。

一人ひとりが活躍する場を仕掛ける

今まで目立たなかった子に、活躍の場をつくろう！　その子のことを知っている担任だからこそできる〝仕掛け〟があるはず！

目立たなかった子にこそ活躍の場を！

教室には、放っておいても目立つ子どもがいます。発表をしたがる子。走るのが速い子。発表会や劇で堂々とした発表や演技ができる子。その反面、どの学級にも、あまり目立たない子どもがいます。みなさんにも、１～２学期には特に活躍することもなく、「通知表に書くことがない」と悩んだ子がいませんでしたか？　いたでしょう？　いや、きっといたはずです！　そのような子たちは、運動が得意でもなく、目立ちたがりでもない、おとなしい子が多いのです。3学期に何も活躍しなくても、特に文句も言わずに次の学年へ進級・進学していきます。

しかし、です。

そういう子たちにも、いや、そういう子たちにこそ、何かで活躍できる場をつくりたい、と思いませんか？　おせっかいかもしれません。でも、そもそも教師はおせっかいをするのが仕事なんですよね。

○年生のときには○○を頑張った！という体験をさせることは、かっこいい言葉を使えば自己肯定感を高めることになります。次年度への〝やる気〟にもつながります。それって、イイと思いませんか？　でも、こういう子たちは、放っておいても活躍する可能性はかなり低いでしょう。

子どものことをよ～くわかっている教師だからこそできる〝仕掛け〟が必要なのです。

意識づくり
集団づくり
学習づくり
学級事務

その子の特徴を生かす

担任だからこそ知っている、その子の特徴を思い返しましょう。ここでいう特徴とは、長所だけでなく、その子が好きなことや好きなものでもいいのです。

例えば、絵が好きで休み時間にはよく絵を描いているとか。特定のまんがが好きで、そのまんがが本やアニメをよく見ているとか。他にも読書好き、工作好き、犬や猫が好き……など、何かありそうなものです。

そういうものがあれば、それらを生かした活躍の場を設定することができます。その子が好きな生き物や食べ物、まんがなどがあれば、それを自学の題材にすすめてみましょう。その自学は1回で終わるのではなく、様々な視点でシリーズ化させるのです。本人の承諾をとった上で、コピーして掲示します。

私は教室の背面黒板に「自学コーナー」としてお手本になる自学、ていねいな自学、面白い自学などを掲示しています。そのような場で紹介するのです。

他に、次のような特徴の生かし方があります。

・絵が好きな子→学級文集の表紙を描いてもらう
・まんがが好きな子→自学で、そのまんがのクイズや名言集をつくらせる
・読書好き→本の紹介を書いてもらって、学級通信で紹介する
・工作好き→図工の作品を写真に撮って学級通信で紹介したり、掲示したりする

係活動で活躍の場を設定する

とりたてて好きなものや熱中しているものもない、という子もいます……よね。これといって活躍させる手がかりがない場合は、教師が動いてみましょう。身近な場での活躍の場を考えてみるのです。

身近な場といえば、学級の係活動、清掃活動などです。係活動や清掃活動は、毎日、仕事が発生します。その子が自分の役割にきちんと取り組む性格なら、このような場面を取り上げてほめたり、学級通信で紹介したりするとよいでしょう。

3学期に、その子がどんな係になるのかは、冬休みには当然まだわかりません。しかし、どの係になっても、係のイベントを企画させることで、活躍の場を設けることができます。例えば、〝靴並べ〟係だったら、その子に「○年○組靴飛ばし大会をしない？　靴並べ係で提案してよ」ともちかけます。その子に提案させて、当日の司会や入賞者への賞状やメダルづくりもさせます。その姿を教師はパシャパシャ写真に撮っておくのです。学級通信で紹介したり、通知表の所見に書いたりして、その子の保護者にもアピールしましょう。

〝教師のひと言〟で一人ひとりの活躍を集団づくりに生かす

さて、そのように一人ひとりの活躍の場を設定して、うまく活躍できたとします。しかし、それで終わりではありません。この項のテーマは〝集団づくり〟です。

> 子どもたち一人ひとりの活躍を、集団づくりにつなげる

のです。それは、一人ひとりの活躍を「認める」ということです。

学級文集の表紙にしても、学級通信での本の紹介や外部講師への挨拶にしても、肝心なのは、〝教師のひと言〟です。

「この絵、ほんとにうまいねえ～。さすが○○さんだね」「今日の□□くんの挨拶、上手に言えたね。おじぎの仕方も、すごくよかったよ」など、子どもの頑張りを教師が認めること。それが重要です。

教師が言わなくても、よいと感じる子は感じます。でも、感じない・気づかない子も多いのです。それが、教師のひと言で「あ、□□くんの挨拶って、上手だったんだ」「そういえば、練習を頑張ってたな」など、周りの子たちがその子のよさに気づく・認める機会ができるのです。

お互いのよさを認め合う機会をより多くつくるように、年度末に向けてたたみかけていきましょう。

３つの観点をチェックする

３つの観点―「進度」「定着度」「自立度」―を要チェック！
担任として責任をもって学習づくりの総仕上げに取り組もう！

「終わらせればよい」というわけではない

３学期の学習は、１～２学期と違う点があります。

まず、「進度」です。１～２学期は、多少進度が遅れたとしても、後で取り返せばいい話です。しかし、３学期はもう後がありません。

「カリキュラムを終わらせる」ことが絶対条件なのです。

間違っても、教科書の途中でその年度が終わってしまうということがないようにしないといけません。もし、12月までの進度が遅れていたら、その分を取り戻した上で終わらせないといけないので大変です。かけ足で授業を流してしまい、子どもの理解は不十分のまま……ということになります。「終わらせればよい」というわけではないのです。

ところが、２０２０年は新型コロナウイルス感染防止のため、多くの学校で、３月から４～６月（休校明けの時期は地域によって様々でしたが）まで休校となりました。

さすがに、子どもが学校に来なければどうしようもありません。このときは、本来３月に実施予定だったカリキュラムを次年度の休校明けに新学年の担任が授業したという学校もあります。これは例外ですが、子どもが学校に来ている限りは、きちんと進めなければなりません。

今後、オンライン授業が普及したら、休校になってもカリキュラムを進められるかもしれませんが……。

「忘れている」ことを前提に

次に、「定着度」です。「学習内容がどれだけ定着しているか」ということです。

2～3月頃には1年間の復習をします。以前の内容を覚えていない子が必ずいるものです。漢字を忘れ、用語を忘れ、公式を忘れ、なかにはその単元を学習したこと自体を忘れ……。当時のテストでよい点をとったとしても、忘れてしまっては意味がありません。でも、「こんなことも覚えていないのか」と怒ってはいけません。これまで、忘れないような手立てを講じてこなかった自分自身が悪いのだと思いましょう。

> 「全員、忘れているだろう」という前提で、いつ、どのように復習をするのか考え、準備をしておくのです。

次年度の新しい担任が「これ、去年習ったでしょ?」と聞いても、平気で「習ってませ～ん！」と答える子が続出しないように……。

「子ども主導の学習」の割合を増やしていく

最後は「自立度」です。この年度末になって、「どれだけ自立的に学習できるようになっているか」ということです。自立的な学習といっても、教師によってその捉え方はいろいろあるでしょう。誤解を恐れずにいえば、

> 自立的な学習とは、子ども主導の学習ということです。

もちろん、いきなり子ども主導ではできません。最初は教師主導で進め、少しずつ教師がもっている手綱を子どもにもたせていきます。

ラスト3か月のこの時期に、発表や話し合い（討論など）、家庭学習などの取り組み方が、教師と子どものどちらの主導の割合が多いのか。

教師主導でばかりやっていたな～と思った、あなた！　今からでも遅くありません。少しずつ教師主導の割合を減らし、子ども主導の学習の割合を増やしていきましょう。

学級事務

いつ、何をするのかという〝見通し〟をもつ

年度末ならではの事務仕事を早めに確認しよう！　いつ頃、何をやるのかを前もって把握して〝見通し〟をもつことで、事務仕事への心構えと準備ができる！

1～3月の学級事務には何があるのか

ラスト3か月の教師の仕事の中で何が大変かといえば、それは……学級事務の仕事だ！と答える教師は私だけではないでしょう。1～2学期と共通する事務仕事に、3学期だけのものも加わるのですから。ひと口にラスト3か月の学級事務といっても、いつ頃、何を

すればよいのでしょうか。
ベテラン教師は頭に入っているでしょうが、初任者はまだ知らない（教えられていないい）かもしれません。また、経験年数が少ない教師も、去年のことはもう忘れているかもしれませんね。左に、私の勤務校の１～３月の事務仕事を挙げてみます。あなたの学校の事務仕事と比べてみてください。

【１月】
・学年通信（毎月、月はじめ）　・授業や宿題で使うプリントの印刷（随時）
・学級通信（随時）　・週計画案（随時）　・卒業式「呼びかけ」文言の検討

【２月】
・教材費の集金　・卒業生台帳（６年生担任のみ）
・学校評価アンケート（子ども用・保護者用・教師用）

【３月】
・卒業式、お別れ集会（６年生を送る会）関連の準備（飾りづくり、寄せ書き等）
・通知表（所見、成績一覧表その他）　・学級（卒業）文集の原稿チェック及び印刷

【修了日（卒業式）以降】

・指導要録　・会計報告　・週計画案（最終提出）　・時数集計表
・学級（学年）経営案の反省　・個別の教育支援計画等、特別支援教育関連の書類
・次年度学級編成用の個票

作成する時期は学校や地域によって多少の違いがあるかもしれません。ほかにも、学年や校務分掌によって、また学校・地域によっては、他の提案・提出文書も加わるでしょう。これらを、通常の授業の準備と並行してやっていくわけです。

このように、冬休みのうちに1～3月の学級事務の内容を確認しておきましょう。なんのためか？　それは、このためです。

> いつ頃、何をするのか、という〝見通し〟をもっておく

「これだけやらなければいけないことがある」とわかっているのと、次から次に事務仕事が舞い込み、「え、これもやらなきゃいけないの？」と追い込まれるのとでは、心構え

の点で大きく違います。特に初任者は、どんな仕事があるのか周りの先輩教師に聞いておくことをおススメします。いつ頃、何をやるのかという心構えがあれば、ちょっとした時間に準備をしたり、去年の様子を先輩教師に確認したりすることができます。

できるものは冬休みにやっておく

働き方改革が叫ばれているおかげ（?）で、地域によっては多少減っている事務仕事もあるでしょう（私の勤務校では学級経営案が廃止されました）。しかし、「これ以上なくすことはできない」ものも多いはずです。では、これ以上どうすればよいのでしょうか？

それは、「冬休みにやってしまう」のです。先ほど挙げた学級事務の項目で、冬休みにできるものには次のようなものがあります。

・1月の始業日に出す学級通信・学年通信

学級通信は数回分つくっておくと、1月のスタート時に多少ゆとりができます。また、3月の最終日に出す最後の学級通信に何を書くのか。これも、冬休みから1月頃にかけて考えておくと、修了日直前になってあわてなくてよいでしょう。（最後の学級通信につい

ては170~175ページを参照）
・冬休み明けの授業や宿題で使うプリントの印刷、掲示物の作成
これらは、冬休みの方がゆっくりできるでしょうね。
・次年度学級編成用の個票
単学級でなければ、学年末に次年度の学級編成のために個票（都道府県や地域によって呼び名が違うかもしれません）を作成します。学力面や運動面、特別支援関係などを記入して、次年度の学級数に応じて並べ替え、学級編成が偏らないようにするためのものです。6年生であれば、中学校がつくった書式で、リーダー性やピアノの可否などを記入します。それらが3学期になって大きく変わることはありませんから、これも冬休みにつくろうと思えばつくれます。

このように、冬休みにできるものはどんどんすませてしまいましょう。完全に終わらなくても、少しでも進めておくだけでずいぶん違います。何が違うかって、心に余裕ができるのです。働き方改革は「減らす」だけでなく、「とりかかりを早くする」だけでも効果的です。そのためにも、3学期全体の事務仕事の〝見通し〟をもつことが大切なのです。

第2章

1月
最後に伸びるか停滞するかの勝負所

学級目標を再確認し、具体的な行動を促す

意識づくり

4月に決めた学級目標を形骸化させない！ 1月に再確認しても安心するのはまだ早い……目標を何度もふり返る手を、打って打って打ちまくろう！

学級目標、忘れられていませんか？

どの学級も、4月には学級目標を決めていたはずです。その学級目標、どうなっていますか？ 4～5月は学級通信で伝えたり、教室に掲示したりして意識させていたのに、いつの間にか教師自身もすっかり忘れてしまっていませんか？

4月は意気揚々と学級目標を掲示したのに、次第にその目標をふり返ることも、教師が口にすることもなくなってしまうことがあります。その結果子どもたちだけでなく、教師自身ですら「学級目標って、なんだったっけ?」などと言っていることも……。せっかく決めた学級目標なのに、それではあまりにももったいないですね。

学級目標に対する教師の意識の有無が、年度途中で学級目標が消えてしまうか、最後まで目標に向かって突き進んでいくクラスになるかの分かれ目です。そう、子どもが学級目標を覚えていないのは、教師自身が忘れて、口に出していないからなのです。

短期目標と評価システム

学級目標は、その達成に向けて1年間かけて取り組むものです。

しかし、4月に目標を立てて3月に評価をするのでは、1年間ほったらかしになるし、途中で子どもたちがどのように変容しているのかわかりませんね。だから、各学期末に学級目標をふり返り、自己評価をさせるとよいでしょう。

といっても、抽象的な目標を立てても、具体的にどう行動すればいいのかわからなければば取り組みようがありません。また、具体的な行動を示されても、それが評価されなければ、取り組む子どもは次第に減っていきます。

どんな目標にもいえることですが、短期的な目標と評価のシステムがないと長続きしないのです。

学級目標をふり返る手立てを講じる

1月の学校がスタートした初日に、学級目標を再確認させましょう。学級目標を読み上げ、なぜその目標を決めたのか、2学期までにどこまで達成していたかをふり返らせます。そして、あらためて残り3か月で学級目標に向けて取り組んでいくことを宣言するのです。しかし、1月初日に学級目標を再確認したからといって、安心してはいけません。また、〝それっきり〟になる可能性はおおいにあります。ただでさえラスト3か月はあわただしいですから。

そこで、例えば次のような取り組みをしてはいかがでしょうか。

①ふり返り表をつくる

学級目標を細分化した目標をチェックする表をつくります。1～2週間に一度、自分の行動がその目標に照らしてどうなのかを自己評価させましょう。

②日記や自学のテーマにする

週末や月末などに、日記のテーマとして取り上げます。学級目標をテーマにした日記を書くには、目標やそれに対する自分の行動をふり返らざるを得ません。

③学級通信や学級懇談会で取り上げる

保護者に家庭で話題にしてもらうという意味もありますが、保護者に宣言することで、教師自身が後に引けない状況をつくるという意味もあります。

④普段の教師の言動で意識させる

子どもの言動を見ながら「お、それ、まさに○○（学級目標）だねえ」など、学級目標を意識した声かけをしていきます。

このように、ラスト3か月、あの手この手で学級目標を意識させ、具体的な行動を促していくのです。教師が言い続けることで、子どもも意識し、行動するようになります。

集団づくり

一人ひとりの自立を促す問いかけをする

今からでも始めよう、自立を促す言葉かけ！
教師の〝待つ姿勢〟が自立する子どもを育てる!!

子どもの自立に向けた〝はじめの一歩〟

第1章の「〝自立〟の視点をもつ」を読んだあなた！　「自立って考えたことなかったなあ。今まで何もやってなかったけど、3月まで時間がないぞ。まずい……（汗）」とあせってしまっていませんか？　3学期になったとたんに「教師を頼るな！　なんでも自分でやれ！」といきなり言い出しても、無理というものです。

だからといって、何もしなくてよいというわけではありません。今（1月）からでも、自立に向けた手立てを講じるのが教師の誠意というものです！

では、そのためにどうすればよいのでしょうか？　まずは、簡単なことから始めるのです。

> 子どもの自立心を育てるには、教師の言葉かけを変えましょう。

子どもは、親や教師の言葉かけに大きな影響を受けます。自立を促すような言葉かけを日常的にしていくことで、少しずつ、子どもの意識や行動を変えていくのです。

まずは、ちょっとだけ、子どもにかける言葉を変えてみましょう。

教師の問いかけで自立を促す

私は子どもの自立心を育てるために、次のような言葉をかけることを心がけています。

・あなたは、どうすればいいと思う?（判断を問う）
・あなたは、どうしたい（何をしたい）?（自発性を問う）
・あなたは、何をしなければいけない?（責任を問う）

様々な場面で主語を「あなた（子ども）」にして問いかけるのです。多くの子どもは、友達の意見や教師の顔色に忖度して、自分よりも周りを尊重してしまいます。それは悪いことばかりではありませんが、いきすぎると最初から自分では何も考えずに、他者の意見や指示を待つ「指示待ち人間」になります。問いかければ、最初は答えられなくても、子どもは考えます。常に問いかけることで、子ども自身に自己判断や意思決定をさせる場をつくることが、子どもの自立を促す第一歩です。

ポイントは、教師の〝待つ〟姿勢

子どもの自立を求める際に、気をつけることがあります。それは、

子どもの自己判断や意思決定を、教師が〝待つ〟姿勢を貫く

ということです。教師が「この目的のために、こうします。あなたは、こうしてください……」などと指示ばかりすれば、その方が早いでしょう。特に、あわただしい3学期にはそうやった方が子どもがてきぱき動きます。他学年の教師からも「お、○年生はもう動いているね。さすがだねえ！」などとほめてもらえます。

しかし、それでは結局、「指示待ち人間」を育てるだけです。指示を受けて素早く動けることも必要ですが、自分の頭で考えさせて、迷ったり間違ったりする経験も大切です。それを叱ってしまうと、教師の指示がないと動けなくなります。一見、もたもたしているように見えても、子どもたちが自分の頭で考えていることに価値があります。それを成長の一環として見ることができる、教師の〝待つ姿勢〟が子どもの自立を促すのです。

1月から始めても、効果は限定的かもしれません。それでも、ひとりでも、少しでも自立的になるような手立てを講じた上で、次の学年に引き継ぎましょう。

学習づくり

班対抗バトルで漢字と九九を楽しく徹底させる

ただ「覚えろ」では効果なし！
子どもの意欲を引き出し、保護者も巻き込んで基礎・基本を定着させよう!!

班対抗漢字バトル！

1月のある日、突然「今から〝班対抗漢字バトル〟を行います！」と宣言します。子どもたちは「なに？　なに？」とざわめきます。

次のように〈班対抗漢字バトル〉の要領を説明します。

1　班の中で解答する順番を決める
2　解答者は、教師から出題される漢字の問題の答えを、黒板にチョークで書く
3　チョークをバトンがわりにして、答えを書いたら次の人にチョークを渡す
4　答えの漢字がわからなければ「パス」してよい
5　多少の雑さは大目に見るが、明らかに間違った漢字はカウントされない
6　1分間で書けた漢字の数がその班の得点になる
7　1班から最後の班まで行い、書けた漢字の数がもっとも多かった班が優勝

これだけの単純なゲームですが、解答したら急いでチーム（班）のもとへ戻ったり、バトンがわりのチョークを受け渡すときに落としそうになったりと盛り上がります。

2回目以降は、出題範囲を予告します。

「次回は来週の月曜日、出題範囲は1（2）学期の漢字ドリルの○ページから○ページまで（1・2学期に学習した単元名の場合もあり）」と言っておくと、家庭学習でその範囲を練習したり、チームで問題を出し合ったりします。

出題する漢字は漢字一文字だったり熟語だったりと、子どもの慣れや実態に応じて変化させます。また、子どもによっては簡単な漢字にするなど、配慮しながら進めます。

最初に班対抗漢字バトルをしたときの、子どもの日記を紹介します。

Qさまもどき

今日、3時間目に班対抗漢字対決がありました。

2班は5位で残念でした。5班は1位ですごいなぁーと思いました。

きーちゃんは、と中まで書いていたのになんでパスしちゃったのかなーと思いました。漢字のテストならバツがついちゃうけど、たまにはこんなのもいいかなーと思いました。(インフルエンザの)休みばっかでどよーんとした教室に大きな花が咲いたみたいに笑いがもどってきたので、6の1はやっぱりこうじゃなくちゃいけませんね。

卒業までこの笑顔、笑いが1日もたえないようにしたいです。あと何回できるかわからないけど、1回は1位になりたいです。

班対抗九九バトル！

どの学年でも、九九があやふやな子がいます。子どもの実態にもよりますが、難しい問題をやるより、基礎基本を確実に徹底させておく方が、次の担任は助かるでしょう。

そこで、「今から、班対抗九九バトルをします！」と宣言します。漢字バトルを経験した子は「ははーん」と見当がつくでしょう。

次のように〈班対抗九九バトル〉の要領を説明します。

1　班の中で九九を言う順番を決める
2　班で子どもが順番に（例えば）九の段を言い終えるまでのタイムをはかる
3　途中で間違えたり忘れたりしたら、班の仲間が教えてよいことにする
4　1班から順に、すべての班のタイムをはかり、一番短いタイムの班が優勝
5　九九が定着したら、「下り九九バトル」などバリエーションを変える

急ぎすぎると早口で何を言っているかわからないので、はっきり、聞き取れるように言わせます。ひとり5～10秒くらいなので、ひと班1分もかからず終わるでしょう。

これも、次回は何の段をするのか予告しておくと、それぞれ練習に取り組むようになります。

漢字バトルにしても九九バトルにしても、

> 次回、どこをするのかを予告しておくことが大切です。

子どもの目的はバトルの勝ち負けですが、教師の目的はそうではありません。バトルに向けて練習に取り組むことで、漢字や九九が定着することです。

そのため、予告が必要不可欠なのです。

保護者を巻き込む

ここで大切なことは、

保護者を巻き込むことです。

保護者は、自分の子どもが漢字や九九をどのくらい覚えているのか（あるいは覚えていないのか）を知らないことが多いのです。

そこで、バトルの様子を学級通信に掲載したり、子どもが感想を書いた日記を紹介したりしていくと、保護者も興味をもつようになります。

「九九バトルやってるんだって？　ちょっと、七の段言ってみて」「えー。七一が七……」などの会話が親子の間で交わされると練習にもなるし、そこで初めて「えっ、九九も覚えてないの？」とショックを受ける保護者もいるでしょう。でも、ショックを受けることで保護者も本腰を入れて家庭で特訓するようになります。

その学年の漢字やかけ算九九は最低限徹底させて次の学年へ送り出したいものですが、ただ「復習しろ」「覚えろ」と言っても効果はありません。

家庭や班の中での練習、そして本番のバトルを通してその学年の漢字や九九が定着していきます。そうして、やっと安心して次の学年に送り出すことができるのです。

年始には干支のことを教える

子どもにも若い教師にも知ってほしい!
身の周りにある干支の話題を教えよう!

干支を教えるなら、1月が最適!

武田鉄矢（俳優）・ジャガー横田（プロレスラー）・GACKT（歌手）・ウエンツ瑛士（タレント）・宇野昌磨（フィギュアスケート選手）……この人たちに共通することがあります。わかりますか?

本書が発刊される2020年の翌年、2021年の年男・年女です。つまり〝丑年〟の人たちなのです。ここに挙げた人たちは、順に1949年、1961年、1973年、1985年、1997年の生まれです。その次の丑年は、2009年生まれ……つまり、2021年では4～12月生まれの6年生と早生まれの中学1年生ということになります。

年男・年女である子どもたちは、周りから干支のことを言われることも多いはずです。正月にはテレビ番組やCMでその年の干支の話題を見聞きすることもあるでしょう。

しかし……ほとんどの子どもたちは、干支とは生まれ年や年賀状のイラストぐらいしか関係しないものと思っています。干支は方位や時刻にも使われるなど、身の回りの様々なことに関係していることを知らないのです。日本人として、それでいいのでしょうか？（こぶしをドン！と机に叩きつけている、とご想像ください）

身の回りの干支にまつわる様々なことを、子どもたちに教えましょう！　そして、

> 干支を教えるなら、干支の話題を見聞きする機会が多い1月が最適なのです。

冬休みの宿題や年賀状の題材として

干支とは「十干十二支」といって、十干（甲・乙・丙・丁・戊・己・庚・辛・壬・癸）と十二支（子・丑・寅・卯・辰・巳・午・未・申・酉・戌・亥）を組み合わせたものです。宇野昌磨選手は丁丑（ひのとうし）、2021年生まれの子どもたちは辛丑（かのとうし）となります。

くわしく説明すると子どもたちには難解になるので、低学年や中学年には十干のことにはふれず、十二支が12年間でひとまわりする、という程度の説明でいいでしょう。

担任から子どもたちに出す年賀状に「今年の干支クイズ」を入れておくと、干支に興味をもたせることができます。正月の新聞には干支の話題が書かれていることが多いので、それを見て調べたり自学でまとめたりする子もいます。その上で、1月の最初の授業で干支クイズの答え合わせをしたり、身の回りで使われている干支に関することを話したりしましょう。

例えば、午前・午後という言葉は、「午の刻」（11時～13時）の前・後を表しており、高校野球の舞台になる甲子園球場は大正13年（甲子〈きのえね〉の年）につくられたことから名づけられました。5年生の社会科で学習する子午線は十二支を使った方位である子（北）と午（南）を結ぶ線であり、6年生の歴史ではあまり扱いませんが、壬申の乱や戊辰戦争なども十干十二支が由来になっています。

十二支の動物が登場する絵本などもあるので、学年に応じて子どもたちに干支のことを教えましょう。

教師が知らなければ伝えられない

子どもだけでなく若い教師にも、それこそ生まれ年のことくらいしか干支について知らない人がいます。私も教師になって十数年は干支のことをあまり意識していなかったので、えらそうなことは言えないのですが……。

先述のような干支にまつわる話をすれば子どもたちも興味をもちますが、教師が知らなければ子どもたちに伝えることもできません。まずは教師が知ること、調べることです。

私は2015年度に初任者の校内指導員として初任者を指導していましたが、初任者に向けて発行していた初任者通信にもそのことを書きました。そのときの通信を紹介します。

初任者通信「Ｓｐｉｃｅ」№１５４（２０１６年1月8日）

「年始には干支の話を」

３学期が始まりました。子どもたちにはどんな話をしましたか？

１年のはじめなので、１年間（３学期でもいいですが）の目標や干支にちなんだ話など、年頭に合った話ができるといいと思います。

干支でいえば……今年は申年です（正確には丙申）。子どもたちの多くは「今年は○○年」とは知っていますが、干支という言葉やどんな順番かということは知らないことが多いでしょう。

「子・丑・寅・卯・辰・巳・午・未・申・酉・戌・亥」の十二支ぐらいは（子どもが覚えなくても）教えていいかもしれません。

申年の「申（サル）」は干支の9番目であり、「草木が十分に伸びきった時期で、実が成熟して香りと味がそなわり固く殻に覆われていく時期」だそうです。だから、３年生にも、今年は学習面でも生活面でもしっかり伸びて成長するように頑張ろう！といった話もできますね。

どうしてそういう意味かというと、一説によると干支は元々農業に関する用語なので「猿」とはまったく関係がないのです（他の干支もそうです）。字源からいうと「申」という字は「いなずま（電光）」を描いた象形文字で、「のばす」という意味があります（にんべんがつくと「伸」です）。昔、雷は神様が鳴らすものとされ、「神鳴り」とも書かれていました。「申」に「しめすへん」がつくと「神」になるのもわかりますね。

また、「サル」という読みから、「悪いことが去る」「病が去る」など、いいことや幸せがやってくるという説もあるそうです。（まあ、これは日本人が好きな駄洒落ですが……）

ちなみに申年生まれの有名人には、桑田佳祐、竹中直人、長渕剛、大沢たかお、菊池桃子、つんく、水樹奈々、桐谷健太、壇蜜、妻夫木聡……などがいます。歴史上の人物では豊臣秀吉（酉年という説もあり）や石田三成もそうです。ちなみに校長先生や〇〇先生も申年です。△△（初任者の名前）先生もですね。そして、私も……。

同じ申年同士、この1年、「伸びる」ように頑張っていきましょう。

学級事務

計画的に3学期の通知表を作成する

通知表は1月から書き始める！
その子に寄り添った、温かい文章を書いていこう!!

通知表の所見はメモする感覚で書いていく

通知表といえば、所見です。いつの時代も、教師は所見の文章に悩んでいます。「これが苦手だ」という教師、「これさえなければ教師は最高！」という教師は多いでしょう。

ところで、あなたは、3学期の通知表をいつ頃から書き始めますか？

この原稿を1月の章に書いていることからわかるように、私は、

> 3学期の通知表は、1月から書き始めるものと考えています。

締め切り間近になって書くと時間に追われ、不本意な文章になってしまうからです。1月でも、学習や行事で活躍したり、頑張ったりした子どもがいるでしょうから、すぐに通知表に書き入れます。その子が、後になってさらに特筆すべき活躍をしたら、書き直せばよいのです。つまり、通知表をメモがわりにして書いていくのです（パソコン入力が前提です）。1月末にはかなりの部分が書かれています。2月は、文章の体裁を整えたり、追加・修正をしたりする期間にすればいいのです。（なお、指導要録も1～2学期の通知表をもとに、1月から書き始めます）

書くことがない子!?

おとなしい子・目立たない子の通知表を書くときに、「書くことがない！」という教師

もいます。3学期は、1～2学期と違って学校行事も少ないので、そう言いたくなるのもわかります。しかし、それは「書くことがない」のではなく、「教師が書くことを見つけられていない」だけなのです。

目立つ子どもは放っておいても教師の目に入るので、たくさんメモ（記録）が残ります。どれを選んで書けばいいか迷うほどです。

しかし、本当にメモをしておかなければならないのは目立たない子どもです。そういう子の場合はメモだけでなく、ワークシートをコピーして保存したり、区切りのよいところで感想を書かせたりして、〝書く材料〟を集めることを心がけておきましょう。

教師の印象に残ったことを記録しようとすると、どうしてもメモしやすい、目立つ子どものことばかりになってしまいます。「今日は、この子について書く」と決めておくと、いつもその子の方へ目を向けるようになります。（もちろん、他の子が活躍すればそれもメモしておきます）

記録は、目立たない子のためにするのです。

保護者が読みたくなる所見

もし、通知表から所見がなくなったら、保護者はどう思うでしょうか？　べつに何も思わない？　たしかに、そのような保護者は多いかもしれません。

しかしそれは、「誰が書いた所見なのか」にもよります。A先生の所見はべつに見なくてもいいけれど、B先生の所見はぜひ読みたい、と思われる教師もいるのです。「保護者が読みたいと思う所見」とは、どのようなものなのでしょうか？

それは、

> 教師の、子どもへの〝熱い想い〟が詰まった所見です。

子どものことが大好きで、どこまでも子どもを信じ、ひたすら励ます所見の文章は、保護者を感動すらさせます。

このたとえが適切かどうかわかりませんが、想いを寄せる相手に書いたラブレターのようなものです。ラブレターは、相手のどんなところがいいのか、具体的に文章で表現します。ありきたりの表現では、相手の心を動かしません。好きな相手に書くラブレターは、相手に寄り添い、何度も何度も書き直します。そういう意味では、所見とラブレターは共通しているのです。（ラブレターほど熱烈な表現にすると問題なので、ほどほどにすべきですが……。今はＬＩＮＥで告白する時代だそうですから、若い教師にはピンとこないかもしれません）

べつに、所見の文章で保護者を感動させろというわけではありません。ただ、あまりにもシステマチックに書き上げた所見は、保護者から見ると「読んでも読まなくても同じ」文章になっていませんか？ということです。

表現に悩みながら何度も書き直していく所見は、合理的ではありません。でも、人の心を動かすものはいつの時代も非合理なものなのかもしれません。

単純に子どものよいところを並べるだけでなく、その子に寄り添った温かい表現になるようにしていきましょう。

第3章

2月

あわただしい
ときほど冷静に

意識づくり

教師が不在でも自律的に動く子どもを育てる

教師がいないときこそ、成長のチャンス！
意図的に教師不在の時間をつくり、自律的な子どもに育てよう!!

自律的な子どもに育てる仕掛け

他学級の研究授業の際の自習時間。教師が見まわってこない掃除時間。
急な来客や電話で教師が授業に遅れた時間。教師の外勤や出張など……。
こうしてみると、教師が子どもたちのそばにいない時間帯はけっこう多いものです。そのような時間には〝自由〟になった子どもが好き勝手をして、「先生、○○くんがふざけてました！」という訴えも出てきます。教師がいなくても、子どもたちがきちんと動いたり、静かに待っていたりすることが理想的ですが……現実は厳しいですね。

しかし学校教育は、最終的には教師（大人）がいなくても自分できちんとできるように育てることが目的の1つです。1学期は仕方ないとしても、3学期にもなれば教師が少々不在でも自分たちでなんとかできるようになってほしいものです。そのような、自らを律する＝自律的な子どもは、学年が上がるにつれて自然に増えることはありません。教師の仕掛けが必要なのです。

メタ認知をさせ、レベルを上げる見通しをもたせる

子どもたちに、次のような表を見せます。

レベル1	先生がいても、きちんとできない
レベル2	先生がいたらきちんとするけれど、先生がいなければきちんとできない

レベル3　先生がいてもいなくても、きちんとできる

ここでは、〝きちんとできる〟というのは決められたことをしたり、静かに待ったりすることとしておきます。

「自分はどのレベルだと思いますか?」と問います。いわゆるメタ認知をさせるのです。子どもたちは、それぞれのレベルに手を挙げるでしょう。

次に、「自分をどのレベルまで上げたいですか?」と問います。レベル3を目指す子がほとんどです。

「なるほど。でも、先生がいると、『先生がいなくてもきちんとできる』にレベルを上げることはできませんね。レベルを上げられるのは、先生がいないときだけです」

そう言って、次のように板書します。

先生がいないときこそ、成長のチャンス!

すると、「今度、先生がいないのはいつですか?」と聞いてくる子がいます。

「それを教えたら意味がありません。でも……今日のどこかで、先生がしばらくいないときがあります。そのときにレベルを上げられるといいですね」と予告しておきます。

「最初の5分」から始める

その日のどこかの授業で、「最初の5分」を、わざと遅れていきます。子どもたちは、ざわざわとおしゃべりをしていたり、席を立って歩いていたりするかもしれません。

「今、席に座って、静かに待っていた人？」と聞きます。手を挙げた子を、おおいにほめましょう。「さすがです。レベル3です！」

「しゃべっていた人」「席を立っていた人」も挙手させます。「○年生としてはまだまだだね～、レベル1です。残念！」とそれぞれを評価します。

そして、「先生が遅いときには、どうやって待っていたらいい？」と問います。

「静かにして待つ」「教科書を読んで待つ」など、いろいろ出るでしょう。「静かに席に座ってさえいれば、何をしていても自由」にするか、「教科書を読みながら待つ」「読書しながら待つ」など、全員統一した何かをさせるかは教師次第です。

とにかく、最初の5分を待てないようでは、それ以上の時間に耐えることはできません。5分が大丈夫であれば、体育館への移動時や掃除時間、給食準備の時間など、様々な場面で教師不在の時間（5分程度）をつくります。

「掃除や給食準備は、教師がついてなきゃだめだ」と思う方もいるかもしれません。教師がついて一緒にやる。これはこれで大事なことです。

しかし、「教師がいるからちゃんとできる」だけではなく「いなくてもちゃんとできる」ように育てるのも大事なことです。なにもすべての時間を教師不在にするわけではありません。また、教師が5分いないだけで問題が起きそうな学級だったら（荒れた学級など）、そもそもこんなことはできません。そこはきちんと見極めておきましょう。

出張を生かして子どもたちの成長を促す

2月は、附属小学校や研究団体が研究発表会を行う時期です。地方の教師は1泊2日、あるいは2泊3日で学校を離れることもあるでしょう。担任が留守にするこの期間を生かして、子どもの成長を促します。（ここでは2泊3日としておきます）

教師の出張が決まったら、子どもたちに3日間の予定を伝えた後、こう話します。

> この3日間は、成長の大チャンスだ！

出張の間、基本的に自分たちですべて行わせます。朝の会や掃除などはもちろん、授業も例えば国語なら15分おきに音読、漢字の練習、意味調べなど、自分で、あるいは班ごとにメニューを決めて取り組ませます。休み時間に友達へのちょっかいがエスカレートしてけんかに発展しようとしても、そばにいて止めてくれる担任はいないのです。何かあれば、自分たちでブレーキをかけなければなりません。

「それを乗り越えてこそ、○年生としておおいに成長するのです。先生も、よその学校で学んで、成長してきます。3日後、お互いに成長した姿で会いましょう！」

そうです。成長するのは、子どもたちだけではありません。教師もまた、成長するために出張するのです。

お互いに成長して再会することを約束して、出張に出かけましょう。

意識づくり

最初が肝心！　委員会活動の心構えをつくる

ポイントは最初の〝趣意説明〟と〝心構え〟にあり！
子どもの自覚とプライドを引き出して、委員会活動を活性化させよう！

「この委員会にはなりたくなかった」という子ども

あなたの学校では、委員会を決めるのはいつ頃でしょうか？　長崎県では、4年生と5年生が2月に委員会を決めて活動を開始し、新5・6年生になってもそのまま継続します。4月になってから決めると、メンバーが決まるまでの数日間、空白期間が生じてしまいます。でも、前年度の2月に決めておけば、新年度にスムーズに移行できるからです。
ところが、なかには「この委員会にはなりたくなかった」「ジャンケンで負けたから、仕方なくこの委員会になった」という子どももいます。そのような子は、委員会の仕事への取り組み方もいいかげんなものになってしまいます。
これには、2つの問題点があります。1つは、

最初（2月）に、所属する委員会を決めるときの指導が不十分だということです。

もう1つは、

子どものモチベーションを上げるための担当教師の指導が不十分だということです。

たとえ希望していない委員会になったとしても、子どもたちが楽しくなる、やる気になるような手立てを担当教師が講じれば子どもは意欲をみせるでしょう。つまり、委員会活動に意欲がみられないのは、子どもが悪いのではなく、教師の責任といえるのです。

委員会活動の趣意説明と心構えの指導

委員会を決める前に、まず、「委員会活動とは何か」「なんのためにするのか」という趣意説明を行います。例えば、次のようにです。

「学級に係活動があるように、学校全体の仕事やお世話をする委員会活動があります。4月から5年生になるあなたたちにも、委員会活動を担当してもらいます。高学年が行うのは、低学年や中学年ではまだ自分たちのことに精いっぱいで、学校のことまで手が回らないからです。つまり、『あなたたちなら、できる！』と信頼されて任されるのです。どの委員会になっても、責任をもって、しっかり取り組みましょう」

次に、委員会活動への心構えをもたせます。それは、

覚悟をもて！

ということです。委員会活動の常時活動は昼休みや放課後などに行うことが多いです。

また、その委員会が担当する集会（給食集会や図書集会など）の前には、数日間、連続で昼休みに練習があることもあります。

委員会活動に取り組むということは、遊びたいという自分の気持ちよりも、委員会の仕事を優先させなければならない、という〝覚悟〟をもたなければいけないのです。特に4年生（新5年生）は、今まで「してもらっていた側」の立場から、「する側」の立場になります。「私」から「公」へと意識を高める絶好の機会です。

なお、希望する委員会にはなれないかもしれないことも、念を押しておきます。

「委員会は人数が決まっているので希望どおりにならないこともあります。でも、どの委員会も学校に必要な大切なものです。あの委員会をやりたい、この委員会は嫌、などという〝わがまま〟を言わず、どの委員会でも全力を尽くすのです」

さらに、委員会が決定した後には、次のように話します。

「全員が第1希望の委員会になったわけではありません。第2・第3希望になった人もいます。もし、第1希望になった人が委員会の仕事をいいかげんにやっていたら、希望してもなれなかった子に対して大変失礼です。責任をもってきちんと取り組みましょう」

その後、希望しない委員会になった子がきちんと仕事に取り組んでいれば称賛するなど、必ずフォローをしておきましょう。

PDCAサイクルで委員会活動を活性化させる

そもそも委員会活動は、自発的・自治的な活動の場です（「小学校学習指導要領解説特別活動編」96ページ）。しかし、実際には同じことをくり返す「単なる当番活動」になってしまっていることも多いものです。それでは、子どものモチベーションが低下するのも当然です。そこで、教師の手立てが必要になります。

私がかつて放送委員会を担当していたときには、このように話していました。

> プロになれ！

かつて有田和正氏は、係活動の子どもたちを「〇〇のプロ」と名づけていましたが、委員会活動にも同じことがいえます。

放送委員会なら放送機器の使い方はもちろん、放送の話し方が放送委員会以外の子たちよりも上手でないといけません。他の委員会も、それぞれの仕事内容に関することは、他の〝素人〟よりも数段くわしくなる必要があるんだよ、と話して自覚を高めます。

当時の放送委員会では、話し方の基本の指導をはじめ、4月に赴任してきた教師や学校行事の最中の子どもたち、地域の人や中学校の先輩への突撃インタビューなど、積極的に取り組ませました。また、曜日別に給食時の放送のプログラム（クイズやインタビューなど）を自分たちで創意工夫させ、定期的に全校に対して面白かった曜日やプログラムなどのアンケートをとりました。人気のない曜日のグループはプログラムを改編するなど、次回のアンケートに向けて工夫を凝らすように促します。

今思えば、Ｐｌａｎ（プログラムを考える）↓Ｄｏ（実際の放送）↓Ｃｈｅｃｋ（評価…アンケート）↓Ａｃｔ（改善）のサイクルを委員会活動に取り入れていたことになります。放送委員会はこのようなサイクルを取り入れやすいということもありますが、他の委員会でもアイデア次第で子どものモチベーションを上げることができるはずです。

委員会活動を開始するこの2月に、〝覚悟〟と〝プロ意識〟の2つの意識をもたせることは、子どもたちの自覚とプライドを引き出すことにつながります。担任と各委員会の担当教師がそれぞれの手立てを講じ、委員会活動を活性化させましょう。

個々の力を集団の力へ高める

「感謝」「思いやり」「認め合い」が個と個をつなぐ接着剤！
今まで育てた個々の力を集団の力へ高めよう!!

個々の力と集団の力

「個の力ですね！」

これは、サッカー元日本代表・本田圭佑氏……のものまねをしていた、お笑いタレントのじゅんいちダビッドソン氏のものまねのセリフです。

個の力とは、要するに〝ひとり〟の力ということです。サッカーは集団競技ですが、1対1の局面も多く、1対1でボールを奪ったり相手を抜き去ったりする個の力が重要になります。だからといって、上手な選手が好き勝手にプレーして勝てるわけではありません。個の力と集団戦術（＝集団の力）の両方が必要です。

学級でいう集団の力とは、個と個が連携したり助け合ったりと、よい影響を与えるものです。お別れ集会や卒業式に向けて、今まで育ててきた個々の力を集団の力へ一気につなげたいものです。ところが、行事に取り組んだからといって必ず集団の力が高まるとは限りません。〝個〟が育つことと〝集団〟が育つことは別の話なのです。

では、個々の力を集団の力へつなげるには、何が必要なのでしょうか？

まずは、集団、つまり全員が共通して目指す目標があることが前提です。サッカーでいえば、優勝や予選突破などです。でも、ほかにも大切なことがあります。

ザックジャパンに学ぶ

私がかつて書いた学級通信を紹介します。

波佐見町立中央小学校6年1組学級通信「スパイス」No.104（2011年2月1日）

「ザックジャパン優勝に思うこと」

ザックジャパン、やりました。アジアカップ優勝です。（中略：辻川）

しかしこんなに何試合も、途中出場の控えの選手がことごとく結果を出すなんて、普通はあり得ず、できすぎです。

もちろん控え選手も一人ひとりが力をもっていたのでしょう。

チームというのは〝個々の力〟だけが高くてもなかなかうまくいかないのですが、今回は〝個々の力〟がうまく結びつき「集団の力」も高まっていたと感じます。学級も同じで、子どもたち一人ひとりの〝個々の力〟が結びついてこそ「学級集団の力」が高まります。

では〝個々の力〟はどうしたら「集団の力」へと結びつくのでしょうか？　本田選手がMVP受賞を受けてのインタビューで「この賞はチームメート、スタッフに捧げたい。彼らがいなければ、この賞を獲得できなかった」と感謝の言葉を述べていました。

〝個々の力〟を結びつけるのは、このようなお互いへの「感謝」「思いやり」「認め合い」です。

仲間をばかにしたり「自分さえよければいい」と考えたりしている集団の中では〝個々の力〟は結びつきません。（中略：辻川）

今日から２月に入ります。卒業まで登校する日数はあと……31日！　残りの日々でザックジャパンに負けない集団力をつけてほしいと思っています。

感謝、思いやり、認め合い。この３つに関するほんの小さな子どもたちの言動を見逃さず、帰りの会や学級通信などで大きく取り上げて価値づけしていきます。その小さな積み重ねが、個と個をつなぐ接着剤になるのです。

すぐに成果は見られなくても、そういう学級には確実にあります。

何があるのか？　じゅんいちダビッドソン氏に言わせると、これがあるのです。

「〝伸びしろ〟ですね！」

縦割り班の6年生へメッセージを贈る

集団づくり

お世話になった6年生へ、最後のメッセージを贈る!
5年生に仕切らせて、〝リーダーの自覚〟を芽生えさせよう!!

最後のメッセージで、異学年の絆を深める

あなたの学校には、縦割り班というシステムはあるでしょうか?

縦割り班とは、1~6年生を縦割りにして、8~10人程度の異学年でつくる班のことです。この縦割り班で、定期的に縦割り掃除をしたり、遊ぶ時間を設けたりします。運動会

では、縦割り班で出場する種目がある学校もあります。最近は少なくなった異学年同士の交流の機会になります。

お互いに、違う学年の子の顔や名前を覚えると、朝の登校や昼休みなど、ちょっとした機会に会話をすることもあり、なかなかよいものです。こうした1年間の活動を通して、同じ学級や学年だけでなく、異学年での絆も深めていきます。

そして最後に、1年間お世話になった縦割り班の6年生に感謝の気持ちを伝える機会を設けることで異学年の絆をさらに深めるのです。

5年生に〝リーダーの自覚〟を芽生えさせる

あらかじめ、各学級で用意していたメッセージカードに、自分の縦割り班の6年生に向けて1年間の感謝の気持ちを書かせておきます。それを回収し、5年生に色画用紙に貼りつけさせたり、表紙を描かせたりします。

そして2月下旬、体育館で縦割り班の6年生にそのメッセージをプレゼントする集会を行います。なお、この集会では6年生はお客さまなので、5年生がすべての仕切りを行い

ます。（とはいっても、担当教師が適宜助言します）
この活動は、6年生に1年間頑張ってよかったという満足感や充実感を与えます。学年の行事だけでなく、この縦割り班での活動も6年間の思い出の1つになるでしょう。
そして、下級生にとっては6年生への感謝の思いを言葉や形にする機会となります。しかし、この活動がもつ重要な意味は他にあります。それは、

5年生に〝リーダーの自覚〟を芽生えさせることです。

5年生にとっては、縦割り班で初めて自分たちがリーダー役として作業や進行を行うことで、4月から自分たちがリーダーになるという自覚が芽生えます。また、メッセージを貼りつけながら1〜5年生の感謝の気持ちが書かれた文面を読むことで、自分たちもこのように感謝される6年生になろうという意欲をもたせることになります。リーダーが6年生から5年生にバトンタッチされる瞬間でもあります。

学校に縦割り班というシステムがなければできませんが、もし可能であれば、ぜひやってみてはいかがでしょうか。

赤1班
今まで ありがとう
黄組1班
さん
今まで1年間 おせわになりました。

がんばれー
ファイト!
おもいでにのこりました。
中学校でも、楽しく!
ありがとう
ファイト
ファイト! がんばれ
イェー
おせわになりました
ありがとう
中学校でも 元気 でね

学年末の「まとめのテスト」の効果を最大限に高める

ただ〝する〟だけではもったいない！
事前・事後の工夫で「まとめのテスト」の効果を最大限に高めよう！

もったいない！

年度末には「まとめのテスト」があります。このテスト、実施するのは2月末から3月のはじめくらいでしょうか。「まとめのテスト」は、その1年の学習のふり返りができる絶好の機会です。忘れているであろう1～2学期の内容を思い出すことができます。

ただし、〝ただ、「まとめのテスト」をするだけ〟では、その効果は限定的です。過去の学習内容を忘れていれば、問題は解けず、正答を見て「ああ、そういえば、こんなのやったな……」で終わりです。次学年に進級した頃には、また忘れていることでしょう。それでは、あまりにももったいないと思いませんか？

せっかくの「まとめのテスト」です。これを事前・事後の工夫で最大限に効果が高まるように使うのです。

「まとめのテスト」は復習をしてから実施する

学年末の「まとめのテスト」、予告もなくいきなりやってしまっていませんか？

その時点での子どもの実態をはかるという意味ではそれでもいいのでしょうが、「最大限に効果を高める」ために、私は次のようにしています。

> 実施日を予告し、本番に向けて子ども自身に復習計画を立てさせるのです。

意識づくり
集団づくり
学習づくり
学級事務

1週間〜10日前くらいに、「○月○日に、1年間のまとめのテストをするよ」と予告します。そして、1日目には○○単元のドリルをする、2日目には△△単元の教科書問題を解く、3日目には先生からもらった□□単元のプリントをする……等々、子ども自身にどの単元の復習をどのように進めるのか計画を立てさせます。その計画表を自学ノートに貼らせて、教師は計画どおりに学習を進めているかをチェックするのです。

なかには、計画どおりに進められない子もいます。そういう子には、教師が用意した復習プリントをさせるなど「他律的」な復習をさせることもあります。

ひととおり復習をした上で「まとめのテスト」を実施すると、子どもの記憶にも残りやすく、問題が解けると「復習してよかった」と達成感や自信につながります。

間違えた問題を分類する

私は、テストのやり直しにはあまり時間はかけません。やり直しをして正解を導き出せる子は、うっかりミスで間違えた子が多く、もともと力のある子たちです。

それよりも、テストを返したら、ミスした問題を次の3つに分類させます。

A　あっていると思ったのにミスした問題（いわゆるうっかりミス）
B　解いたけれど自信がなかった問題
C　手も足も出ず、まったくわからなかった問題

テストの問題番号の横に、A・B・Cを記入させます。子どもたちに、自分がどのパターンのミスが多いのかを自覚させるのです。AやBの問題は問題文のみ写して自分で解かせます。Cは解答も含めて写してもよいことにします。

まとめのテストが終わった残りの日々は、BやCの単元を中心に家庭学習を進めるようにさせます。それが、次の学年に生かされます。

また、教師はCが多かった単元を中心に、授業や宿題で復習させるとさらに効果的でしょう。

「まとめのテスト」を単発的にやって、「何点だった」で終わらせるのではなく、ミスを分類・分析して、残り少ない日々の学習につなげていく。ここまでやってこそ、「まとめのテスト」の効果を最大限に高めることができるのです。

学習づくり

おろそかになった学習のルールと規律を再構築する

あの学習のルールや規律、今どうなってる？
おろそかになっていたら一点突破！　まずは「1つのこと」を徹底しよう!!

いつの間にかなし崩しになっている!?　学習のルールや規律

プリントを後ろへ回すときには、後ろを向いて「どうぞ」、渡された人は「ありがとう」と言う……。有田和正氏のあまりにも有名な実践です。

4月に「よし、自分もプリントを回すときにはこうしよう」と決めて取り組んでいた学級も多いでしょう。でも、いつの間にか子どもたちは後ろを向かず、プリントを持った手だけ後ろへ回し、渡す方ももらう方も無言での受け渡しになっていませんか？

教師も最初はチェックを厳しくしていたのに、忙しさの中で徐々にチェックが甘くなったり、教師自身も忘れてしまったりするのです。

４月の年度はじめに決めた学習のルールや規律を思い出してください。その中で、このようにあいまいになっていたり、やらなくなったりしているものがありませんか？

例えば、挙手です。

４月には、指先をまっすぐ、ひじは曲げず、天井を突き刺すように！と言っていたのに、いつの間にか指先もひじも曲がったままなのに、何も言わなくなっていませんか？

例えば、筆箱の中身です。

４月には、鉛筆５本・消しゴム・赤鉛筆（赤ペン）・定規を必ず入れるように言って、保護者にもお願いをしていました。ときどき、「筆箱の中身を出してー。ほら、鉛筆が４本しかないぞ。なんだ、その鉛筆！　短すぎです。長い鉛筆を用意して！……」などと言っていたのに、いつの間にかほったらかし。気づいたら、赤鉛筆がなくていつも隣の子に借りていたり、鉛筆が１～２本しか入っていなかったり、カラフルなペンが何十本も入っていたり……。ほかにも、4月にはりきって決めていた学習のルールや規律がいつの間にかなし崩しになってしまっていること、多いのではないでしょうか？　なぜ、そうなるのでしょう？　理由は、日本全国、だいたい同じです。

そうです！　徹底できていないのは、子どもではなく教師自身なのです。

学習のルールや規律をもう一度再構築！

4月に決めた学習のルールや規律を、紙に書き出してみましょう。今も続いているものに○印、いいかげんになっているものやまったくできなくなっているものに△や×印をつけてみます……どうでしょう？　△や×印の方が多くなっていませんか？

もしそうなら、次学年に向けてもう一度学習のルールや規律を再構築していきましょう。

もっとも、4月に決めたからといって、「ここまではしなくてもいいかな」と思うものは無理に復活させなくてもよいでしょう。4月は教師もはりきっています。本で読んだ、「スゴい実践」を真似しようとして、本で読んだものと同じ指示を出すこともあったかもしれません。しかし、教師と子どもの実態に合わない、高いレベルのことをさせようとしても続かないのは当たり前です。

ここはひとつ、「一点突破」です。〝どれか1つ〟を選んで再構築するのです。

「え、たった1つ？」と思うかもしれません。でも、そもそも、これまでに多くのルールや規律をおろそかにしていた教師が、この時期（2月）になって急にすべてを4月の頃のようにやろうとしてもうまくいくはずがありません。子どもたちにしても、「なんで、急にあれこれ言うんだ？　今まで何も言わなかったくせに！」と不満をもってしまいます。

子どもたちが多少頑張るのは、それが4月だったからです。教師と一緒で、子どもたちだって4月ははりきっていたからこそ、多少の負荷があっても頑張れたのです。

まずは〝1つだけ〟取り上げ、そのかわり、覚悟を決めて〝徹底〟するのです。

もし、この短期間にその1つを自然にできるように身につけることができれば、もう1つ……と増やしてもいいでしょう。

次の担任の先生に、「○○には力を入れていた」ということを伝えて、継続して声かけを続けてもらうと、学年をまたいで受けつがれていくことになります。

学級事務

教材費の集金トラブルを未然に防ぐ

年度末の集金は2月中に終える!
集金の「期間」「時間」「方法」を限定して、金銭トラブルを未然に防ごう!!

そもそも集金するシステムを改善すべき

かつて私が勤務していた小学校では、担任の負担を減らすために事務職員が集金を担当してくれていました。集金袋を受け取り、金額を確認し、おつりが必要なときはおつりを入れ、領収証をつくって担任に渡してくれるのです。小規模校だから可能だったとはいえ、学期末にお金の受け渡しの手間がなくなるのは、大変助かりました。

ここまで読んで、

「えっ？　まだ、集金袋で現金の受け渡しをしてるの？」

と思った方もいるかと思います。

そうなのです！　世の中には、金融機関を通じて口座振替をしている学校もあります。しかし、まだ現金を子どもが持ってくるシステムを続けている学校も多いのです（私が勤務している地域が、まさにそうです）。先述の事務職員が手続きをする例は稀であり、通常は担任がしなければなりません。

教室の朝といえば、子どもたちが立ち歩き、宿題を出したり教師に話しかけたりする時間帯です。そのような中で、子どもが教師に集金袋を持ってきます。

教師は、宿題忘れをした子や教室を走り回っている子に注意をしながら、集金袋を受け取り、中の金額を確認しているのです。トラブルの1つや2つ、発生しても不思議ではありません。働き方改革というのなら、まずこの集金システムを改善すべきです。

……と文句ばかり言っていてもどうにもなりません。建設的に「では、問題が発生しないようにどうするか」を考えることにしましょう。

集金する「期間」を限定する

3学期に限りませんが、教材費等の集金を最後の月にしてはいけません。最終月はただでさえあわただしく、どんなきっかけで金銭トラブルが起こるかわからないのです。もちろん、集金する金額はわかっているのですから、2月中には集金を終えましょう。

1月の早い時期に、集金する金額と期間を学年通信等で知らせておくのです。

集金する期間は、2日間か3日間に限定します。だらだらと長くすると、それだけ教室でお金が行き交うことになり、不測の事態が起こりかねません。ただし、

> 集金期間を朝から朝会・集会などで教室を空ける日に設定してはいけません。

朝、集会等で教室を空けてしまうと、集金袋を出すタイミングを逃したり教室に戻った後には集金袋のことを忘れてしまったりする子がいるからです。そのようなことのないように、集金日は教師が朝から教室にいることができる日に設定しましょう。

集金する「時間」を限定する

集金袋を提出する「時間」は、当然、朝一番に限定します。

そして、集金すると設定した期間は、教師は早めに教室に行き、登校した子からすぐに集金袋を預かるようにするのです。

子どもが登校してランドセルを置いたら、宿題等と一緒に集金袋を教師に提出させます。出し忘れがないように教師も声をかけますが、他の子どもに対応したり、急用で教室を空けたりすることもあるので、声かけができないときもあります。

そこで、集金期間の朝は、黒板に次のような貼り紙をしておきます。

「荷物を置いたら、すぐに集金袋を先生に直接手渡すこと。先生がいなければ、自分で持っておくこと」

ここまでしても、出し忘れてしまう子がいます。そういうときに限って、その子の集金袋がなくなることがあるのです。出していない子には、本当にその日に持ってきていないのか、確認をしておきましょう。

集金する「方法」を限定する

朝教室に行くと、教卓の上に集金袋が数人分、無造作に置いてあることがあります。これは、危険なにおいがします。そこで、集金を提出する方法を次のように限定します。

①集金袋は必ず教師に直接渡す（教師不在時に机の上に置かない）
②集金袋からお金を出し、教師と子どもが一緒に金額を確認する
③教師がお金を集金袋に戻している間に、子どもは名簿に○印をつける

ポイントは②で時間をかけないことです。金額の確認に手間取ると、子どもがズラッと並んでしまいます。タイムロスをなくすために、あらかじめおつりのないように通信で知らせたり連絡帳に書かせたりしておきます。

金額の多寡にかかわらず、金銭トラブルのないように最善の努力をしておきましょう。

第4章

3月
別れは軽やかに

意識づくり

カウントダウンカレンダーで「最後」に向けた意識をつくる

カウントダウンカレンダーで「最後」に向けて盛り上げよう！
カレンダーに添える〝ひと言〟で、子どもたちの心もつなげることができる！

カウントダウンは盛り上がる

大晦日の夜、年が明ける直前になるとテレビ番組でもイベント会場でもカウントダウンが始まります。大人も子どもも、カウントダウンが大好きです。盛り上がりますもんね。

さて、多くの教室でも、3月（または2月後半）になると、修了式（卒業式）までのカウントダウンカレンダーをつくっていることでしょう。それがあると、学級最後の日が1日1日迫ってくる実感をもつことができます。ただでさえあわただしい3月、視覚的に残りの日数を目にしないと、いつのまにか「あ、もう明日が最後の日か」と、最後の数日がかみしめることなく過ぎ去ってしまいます。

カウントダウンに〝ひと言〟を添える

カウントダウンカレンダーに、数字と一緒に〝ひと言〟を書かせましょう。カレンダーをめくるたびに、クラスメートが書いた言葉が現れます。単にカウントダウンするだけでなく、書かれた言葉の意味をかみしめることで、子どもたち同士の気持ちがつながります。あなただったら、どんな〝ひと言〟を書かせますか？　私は、その年によっていろいろ変えています。いくつか紹介します。

①「心に響くひと言」

子どもたちに、いきなり「心に響くひと言」を書こう、なんて言っても書けないので、

「図書室の本や、知っているまんがの中のセリフでもいいよ」と言って、数日間の猶予を与えます。どうしても見つけられない子には、教師があらかじめ考えておいた「名言」から選ばせます。「選ぶ」ことで、子どもは自分で決めた言葉だ、と受け止めることができます。「自分で考えた言葉でもいいですか？」という子には、もちろんＯＫします。「あきらめない」や「友達は一生の『宝物』！」などのオリジナルのひと言を書く子もいました。

②「ことわざ・慣用句」

図書室のことわざ・慣用句辞典などから探させます。いいと思うことわざ・慣用句を発見したら、私に報告させて、ＯＫをもらったら（よほど変なものでなければＯＫします）黒板に書かせます。黒板に書かれたものと同じものは選べないルールにして、同じものがカブるのを防ぎます。

③「達成したい目標」

残り少ない日々に向けて、「やり残しがないように、〝これだけはやっておきたい〟という目標を書いておきましょう」と話すときもあります。すると、「図書室の本をあと６冊借りる！」（あと6冊で100冊達成する子）「1年生と一緒に遊ぶ」「クラス全員としゃべる」のような目標を書く子もいます。たまに実現不可能なことを書く子もいますが、そういう子には実現可能なものをアドバイスして、目標を変えるように促します。

終わったあとのカレンダーは？

1日が終わり、カレンダーをめくると次の日のカウントダウンのカレンダーが出てきます。では、その終わった日のカレンダーはどうしますか？　私は、教室の背面黒板に掲示していました。だから、修了式（または卒業式）の日には、すべてのカウントダウンカレンダーがズラッと掲示されていて、壮観です。

卒業学年では、掲示する前に全員に回して、クラスメートからのメッセージを書かせました。寄せ書きです。卒業式の日には自分のカレンダーを外して持ち帰らせます。自分が書いた〝ひと言〟にみんなのメッセージが書かれたカレンダーは、いつまでも子どもたちの記念の品として残るのです。

卒業式を最後の〝成長の場〟にするという意識をつくる

卒業式を〝他人事〟から〝自分事〟に変えれば行動が変わる！
次の学年へのステップとして、自分を高めるチャンスと捉えさせよう！

バンジージャンプと卒業式の共通点？

突然ですが、あなたはバンジージャンプをしたことはありますか？

十数メートルの高さから飛び降りるなんて、私なら絶対にやりたくありません。でも、不思議なことに、バンジージャンプは世界中で大人気のアトラクションの1つです。バラエティ番組でも、様々な芸能人がチャレンジしています。

このバンジージャンプは、もともとバヌアツ共和国の通過儀礼だったそうです。ウィキペディアによると、文化圏によっては若者が大人社会に参入する際に過酷な試練を課すという現象が見られるそうです。負担の大きな儀礼ほど評価が高くなり、組織（大人の世界）に入る資格を与えられるということなのでしょう。

そこまで大げさなことではありませんが、成人式をはじめ、人生の節目節目で行われる儀式には、同じような意味合いがあるのかもしれません。小学校を卒業して中学校への入学が認められるには、在校生や来賓、地域の代表者などの前で卒業式という苦痛？な儀式を通過する必要がある、ということなのでしょう。

３月は、いよいよ卒業式のシーズンです。６年生にとっても学校にとっても、最大の行事と言っても過言ではありません。でも、卒業式は独特の雰囲気があり、じっとしていることが難しい子にとってはその練習はつらいものです。他の行事と違って、楽しくもなく、自主的な活動ができるわけでもありません。教師に言われるまま、全員揃った動きや大きな声での返事などを求められます。とても「やらされている感」が強い行事なのです。その練習や本番に意欲的に取り組むには、卒業式を〝他人事〟から〝自分事〟へと意識を変えて取り組ませることが必要です。

卒業式は6年生の最後の〝成長の場〟

6年生の卒業式の指導は、まず、この問いから始まります。

卒業式は、なんのためにするのですか?

「卒業証書をもらうため」なんて答えたら、「ちが〜う!」と断言しましょう。卒業証書をもらうだけなら、子どもたちが校長室に行って一人ひとりもらえばいいし、逆に校長先生が教室に来て渡してもいいはずです。なぜ、在校生全員〈全員でない学校もありますが〉や、わざわざ来賓や地域の代表者を呼ぶのか。

それは、

大勢の人の前で、6年生が卒業するに値する力をもっていると証明するためです。

卒業式で6年生がする「呼びかけ」「歌」などにとどまらず、「起立・気をつけ・着席の仕方」「歩き方」「話の聴き方」等々、6年生の立ち居振る舞いのすべてにおいて、卒業するに値するかどうかが見定められるのです。

そして同時に、卒業式の練習・本番をとおして、

> 卒業に値する力をつける＝最後の〝成長の場〟とするためです。

もちろん、それだけの力をつけられなくても、卒業の日がくれば自動的に卒業しなければなりません。しかしそれが、「卒業するにふさわしい」と認められて卒業するのか、「小学校で6年経ったから」自動的に卒業させられるのか、は大きな違いです。

「卒業するにふさわしいと認められて卒業するのと、入学して6年経ったから仕方なく卒業させられるのと、どちらがいいですか？」と問うと、子どもたちはもちろん「認められて卒業したい！」と答えます。

「では、そのために、これから練習や本番をとおして、しっかり成長していきましょう！」と言って、卒業式の練習に入るのです。

卒業生のためだけじゃない！　在校生にとっての意味を問う

在校生にとっての卒業式には、どのような意味があるのでしょうか？　そこがあいまいだと、〝お客さん〟としての参加になってしまいます。在校生にとっての卒業式をどのように位置づけるかで、在校生の意識が変わってきます。

そこで卒業生と同じく、まず、次のように問います。

> あなたたちにとって、卒業式はなんのためにするものですか？

「6年生を祝うため」「6年生を見送るため」など、〝6年生のため〟といった類の言葉が出るようであれば、まだまだ「お客さん」状態です。

> 6年生を「祝う」「見送る」のなら、わざわざ練習しなくても、本番だけ出ればいいですよね？　どうして、練習をするのですか？

6年生は、卒業式の主役ですから練習をするのはわかります。でも、どうして「送る側」の在校生まで練習しなければならないのでしょうか？

6年生のため？　参観者のため？　このように問い続けていくと、最終的には、「自分たちの力を高めるため」という答えに行きつきます。そうして初めて、卒業式を「自分事」として考えることができます。

そうなのです。在校生が卒業式を自分事として考えるためには、卒業式が〝6年生のため〟だけでなく〝自分たちのため〟になるという考えをもつ必要があるのです。卒業式に出ることで、自分自身が成長するという意味を見いださせるのです。

卒業式で「送る側」として、言葉や歌、姿勢などをしっかりできるように成長することができるか。自分たちも、1学年上に進学するにふさわしい態度を示せるか。

自分を高めるチャンスと捉えさせることで、卒業式の練習や本番に臨む心構えをもたせましょう。（参考文献『深澤実践に学ぶ』道徳教育改革集団）

集団づくり

集団の力を発揮して お別れ集会（6年生を送る会）に取り組む

「なんのためにやるのか？」を自覚させて取り組ませることで、子どもたちの集団力を高め、発揮させよう！

お別れ集会（6年生を送る会）はなんのためにするのか？

お別れ集会、6年生を送る会、送別集会……名称は様々ですが、このようなイベントはどの学校でも行われているでしょう（以下、「お別れ集会」）。このイベントは、いったい、なんのために行うのでしょうか？　この問いを子どもたちにすると、在校生、卒業生ともに「感謝の気持ちを伝えるため」と答えます。たしかに、その通りです。だから、上手にできるかどうかよりも、〝感謝の気持ちを伝えられたかどうか〟が大切です。

「その通り！　でも、もう1つ、大切なことがあります。それはなんでしょう？」と問います。この答えは子どもからは出ないと思うので、教師が教えます。

「それは、この学級の〝集団力〟を高めることです。自分たちで何をやりたいか決め、自分たちで練習を進めるのです。話し合いがモメて何をやるか決まらなかったり、ふざける人がいて練習ができなかったりしたら、この学級の集団力はその程度ということです。まあ、無理しなくても、できないなら低学年のように先生が何をやるか決めて、セリフも動きも全部先生の言うとおりにしてもらいます。どうしますか？」

ここまで言えば、たいていは「自分たちでできます！」と答えます。

学年の最後のイベントで、集団の力を高め、発揮させる。子どもたちはもちろん、

教師が「そのつもり」で取り組むか、単に「お別れ集会があるから」「何かやらなきゃ」というだけの意識で取り組むかで、子どもの成長が大きく違ってきます。

あわただしい年度末にやるのですから、せっかくならできるだけ効果を高めたいですね。

集団の力を発揮させる計画と練習

中学年以上であれば、希望者を募って実行委員会をつくって何をするか提案させます。それを学級会などで話し合うと、学級全員で創り上げたという意識が高まります。

もちろん、教師が適宜アドバイスを入れながら、「時間内にできそうか」「無理な部分はないか」等に配慮して進めます。例えば、6年生が活躍する場面の寸劇（1年生のお世話をしたり、運動会の応援をしたりする場面）をして、6年生を称える歌（音楽で習った曲か流行曲の替え歌）で締める、という内容に決まったとします。

次は、寸劇をどんな場面にするか、誰が6年生役や1年生役をするか、替え歌の歌詞をどうするか……といったことを決めなければなりません。そこで、希望者を基本に、寸劇担当や替え歌担当など係を細分化していきます。体育館のステージで練習できる時間が2時間あるなら、その前に、ある程度の形になるまでは昼休みなどに子どもたちに自主的に練習をさせます。（といっても、教師はそばで様子を見守ります）

ふり返りで集団の絆を強化する

本番が終わったら、次のようなふり返りを書いて発表させます。

・感謝の気持ちが伝わる出し物ができたか
・自分自身のよかった・頑張ったところ
・全体（友達）のよかった・頑張ったところ

最後に教師の話です。失敗や間違いをあれこれ言いません。「練習のときは心配だったけど、今日はよく頑張った！　120点だ!!」という教師の言葉で、全員の協力でやりとげたという満足感・充実感に浸ることができ、集団の絆を強化することができます。
なお、もしあなたが6年生の担任だったら、子どもたちの中から担当を決めて、出し物をしてくれた各学年（学級）に宛ててお礼の手紙を書かせましょう。頑張って取り組んだ出し物に6年生が応えてくれたなら、下級生の集団力の強化につながります。

意識づくり
集団づくり
学習づくり
学級事務

歌で集団のつながりをつくる

合唱は1＋1＝2じゃない！
〝ほめる、認める、受け流す〟で、集団の歌う力を引き出そう‼

届けよう

3月になると、卒業式やお別れ集会（6年生を送る会）などの歌の練習が始まります。音楽の授業とは違って、全校児童や保護者・地域の人といった人々の目がある場でどれだけのびのびと表現することができるか、それまでの集団づくりの成果が表れます。

私は、音楽や合唱の指導は専門ではありません。この後に書く実践は、専門の方から見たら「?」と思われるかもしれませんが、「専門ではない教師のやり方の一例」程度に思って気軽にお読みください。

まず、最初に、次のように板書します。

> 卒業式の歌で、届けよう

「何を届けますか?」と問います。子どもたちは「声を届ける」と答えます。

「届けるのは、声だけですか?」と問います。子どもたちはしばらく考え、「気持ちを届ける」と答えます。

「気持ちって、どんな気持ち?」と問います。「感謝の気持ち」「ありがとうの気持ち」などと答えます。

さらにツッコミます。「届けるって、誰に届けるんですか?」と問います。「お父さんやお母さん」「○○小の人たち（在校生）」「先生たち」「来てくれてる地域の人」などと答えます。

このように、卒業式の歌の指導は「誰に」「どんな気持ちを」伝えたいのか、を自覚させることから始まります。

ここまでが、事前指導の第1段階です。

歌う集団に育てる

続いて第2段階です。

「ひとりで歌うのと、集団で歌うのとは、何が違いますか?」と問います。「声の大きさが違う」「迫力が違う」などの意見が出ます。

「ひとりで歌う声が1だとしたら、ふたりで歌うとどれだけになりますか?」と問います。「2……?」という意見が出ます。ここで「ちが〜う!」と断言します。

「合唱は、1+1=2じゃありません。ひとり分が1でも、ふたりで歌うと3や4の力になります」と言うと、不思議そうな顔をします。「どうしたら、歌の力を人数以上の力にすることができるのでしょうか?」なかなか意見が出ません。そこで、逆のことを問います。

「ふたりで歌っても1や1・5くらいしか力が出ないことがあります。どんなときでしょう?」と、問いかけを変えてみます。こちらの方は、「声が小さい」「歌詞を覚えていない」「歌がばらばら」「気持ちがこもっていない」などいろいろと意見が出ます。「そうですね。ということは、人数以上の力を出すには、その逆のことをすればいいのです」と言って、次のように続けます。

学級、あるいは学年全体で歌うときに気をつけるのは、「揃える」ことです。

歌い出しを揃える。息継ぎを揃える。目線を揃える。姿勢を揃える。気持ちを揃える。そしてもちろん、音程を揃える。（音程に限ってはほどほどにします）

「このように、一人ひとりがバラバラに歌うのではなく、すべてを揃えることで人数以上の力が出るのです」と話します。

ここから、歌い出しや息継ぎ、目線などの指導が始まります。

基礎的なことを全体で指導した後は、グループ練習に入ります。「揃える」部分をお互いにチェックしたり教え合ったりさせます。そうやって、歌で集団のつながりをつくっていくのです。

できているかどうかは、今は手軽に動画で確認できます。特に、目線や姿勢などは一目瞭然です。グループに1台、タブレットを貸し出して、自分たちでチェックさせたり、全体で歌う姿を録画して全員で見たりします。一人ひとりが上手に歌うよりも、集団で上手に歌う姿を目指すように促すのです。

ほめる、認める、受け流す

子どもたちの歌声に関しては、基本的に「出させる」というよりは「引き出す」というイメージです。そのために、次のような方針で指導をします。

ほめる、認める、受け流す

学級の中の〝上手な子〟〝頑張って歌っている子〟だけに注目して、とにかくほめていきます。「口を大きくあけろ！」ではなく「〇〇くん、口が大きくあいてるねえ。上手な

人の口のあけ方ですね～」とほめます。

どうしても声が小さい子や、音程がずれている子もいます。ピアノで音を確認させたり、個人指導をしたりすることもありますが、声変わりをしていて、本人も気にしている場合があります。そういう声も、認めます。

周りの子が「ん？」と気づいても、「音程がちょっと違うことがわかるのは、それだけ声を出しているからです。音程が合っていて聞こえないよりも、音程が少々ずれていても聞こえる方が１００倍いいのですよ！」など、とにかく「どんな歌声でも認める」という教師の姿勢を見せることで、子どもたちもからかわなくなります。

また、歌っている途中、あくびをしたり、ボーッとして口が動いていなかったりしていても、受け流します。受け流すとは「愛ある無視」です。

怒って注意すると、雰囲気が悪くなってしまい、台無しになってしまいます。それよりは、放っておく方がいいのです。

ただし、歌っている途中に、他の人をつついたり話しかけたりと、周りに影響を与えている場合は、感情的にならないように「〇〇くん、こっち向いて！　いいよ～その表情！」などと注意を教師側に向けるようにしましょう。

1年間の漢字・計算の総復習をする

該当学年の漢字と計算は該当学年で徹底させる！
すきま時間を活用して漢字と計算の総復習を進めよう!!

今の学年の漢字と計算は今年度のうちに

4月、新しく担任した子どもたちに前学年の漢字の復習テストをさせると、全然書けていないことがありませんか？「なんだ、○○先生（前年の担任）、ちゃんと教えてなかったのか？　しょーがないなあ……」とボヤきながら、俺は、ちゃんと徹底させるけどね、と思うのではないでしょうか。ところが、年度末になると予定外のことが次々に入ってきて、3学期分の学習もままならず、1年間の総復習なんてとても手が回らない……。そんな経験はありませんか？　安心してください。よくあることです。いや、よくあってはいけないのですが、みなさん経験があるのではないでしょうか。

そうならないように、今の学年の漢字と計算を今年度のうちに徹底させるべく、総復習のアイデアを紹介します。

1年間の漢字の総復習

忙しい年度末に、総復習をするまとまった時間はなかなかとれません。そこで、朝活動やテスト後のすきま時間などを使って、総復習を小刻みに行います。

まず、その週（例えば3月の第1週）は1学期の復習をすると宣言し、1学期の漢字ドリルを持ってこさせます。復習は、まず、漢字スキルを音読させることから始めます。

「読む」だけでも、漢字の復習になるのです。

ただ、1冊の漢字ドリルを読むのはかなりの時間がかかるので、高速で読んでいきます（一度に1冊全部をやる必要はありません）。ゆっくり読むのは親切に見えますが、だらだらと長時間読むのは子どもには苦痛です。次に、「書き」です。子どもたちの机を班の形にさせ、班でひとり出題者を決めます。出題者は、1学期の漢字ドリルの中から5問ランダムに出題します。班の子どもたちは国語（漢字）ノートに書いていきます。書き終えたら、ノートを交換して丸つけをします。時間があれば、出題者を交代して同じように続けます。自分が選んだ漢字を出題できる立場になることを、子どもたちは喜びます。ノートを交換して丸つけするので、けっこうきびしく採点します。

そうやって、その1週間、1学期の漢字ドリルの読みと書きを続けていきます。次の週は2学期、その次の週は3学期の漢字スキルを……とやっていくと、3週間で1年間の漢字をひととおり復習することができます。

1年間の計算の総復習

算数も、基本的には漢字の総復習と同じです。

1〜3学期の計算ドリルを準備させて、例えば1学期のドリルから出題者が1問出題します。その後、ノートを交換して丸つけ。そして出題者の交代……と同じ流れです。

算数の場合、その学年で学習した公式や単位の換算を1枚の紙に一覧表にしてまとめます。それを子どもたちに配付し、教室のドアや掲示板などにも貼って、いつでも目にできるようにしておきます。

授業のはじめに「起立！　三角形の面積の公式を3回言って座ります」や、給食を食べる前に日直が「牛乳の量は200ミリリットルです（牛乳の量は200ミリリットルです↓全員で復唱する）。これは0・2リットルです。（これは0・2リットルです）手を合わせてください。いただきます」と言うなど、ことあるごとに口頭で言わせるようにします。

> 漢字と同じく、公式や単位の換算も口頭で（何度も）言わせると効果があります。

これらに加えて、間違えた問題を自学ノートに練習するなど、家庭学習とセットにするとさらに効果が上がります。

最後の授業参観のプランを練る

最後の授業参観は〝映える〟授業を！
〝動き〟が見える授業で、子どもも保護者も楽しめる工夫をしよう!!

最後の授業参観でどんな授業をするか

かつて担任していた6年生の最後の授業参観は、私が1年間撮影した子どもたちの写真を親子で卒業アルバムに貼っていくという授業でした。小規模校だったので業者に卒業アルバムを発注すると費用が高額になるため、その学校では毎年、最後の授業参観で親子一緒に自作の卒業アルバムをつくる伝統があったのです。親子で1年間の思い出話をしながら、貼る位置を話し合ったりふきだしにセリフを書いたりして、卒業アルバムをつくっていくのもいいものでした（保護者も一緒に活動しているので、正確には授業参観とはいえませんが）。このような例はめずらしいにしても、3月（地域によっては2月）には最後の授業参観があります。あなたなら、どんな授業をしますか？　何をするにしても、早めに準備をしておかなければなりません。本書の読者には若い教師が多いと思うので、最後の授業参観に多い授業のタイプを紹介しておきます。

作文発表タイプ

子どもたちがひとりずつ、作文を中心とした発表をする授業です。例えば、「○年生の思い出」や「○年生で成長したこと」などをテーマにした作文発表などです。ただ、このやり方だと、子どもたちの待ち時間がとにかく長くなります。待っている間、手遊びを始める子も出てくるでしょう。誰もが同じようなことを発表するので、保護者も飽きてきます。テーマを分けたり、バックにこの1年間の写真のスライドショー（または動画）を映したりするなど、単調にしない工夫が必要です。

ミニ学習発表会タイプ

1年間の学習のまとめとして、グループごとに学習したことを発表する授業です。例えば、4年生くらいなら、4~5人の班が6つあれば次のような発表ができます。

1班…国語	学習したことわざや、この1年を表した俳句や短歌の発表
2班…算数	上り九九、下り九九の発表、円周率をできるだけたくさん覚えて発表
3班…体育	順番に、短縄でいろいろな跳び方を跳ぶ
4班…音楽	リコーダーや鍵盤ハーモニカの発表。軽く振りつけを入れる
5班…外国語	英語の会話や英語の曲を歌う
6班…理科	教室でできるミニ実験や、それからわかることの考察

1班5分程度の発表で、前後に「はじめの言葉」「終わりの言葉」や、全員の合唱など

を入れれば、45分で立派な学習発表会になります。子どもたち全員に出番があるし、参観者に体を向けて発表するので、保護者は写真や動画を撮りやすいのです。

普通の授業タイプ

発表形式でなくても、教師の得意教科だったり、子どもや保護者のアンケート結果から人気のある教科の授業にしたりしたっていいのです。特に、得意教科のある教師だと、やっぱり最後の授業参観はあの授業で締めたい……と思うものです。ただし、説明ばかりの動きのない授業ではなく、子どもたちの動きが見える授業にしましょう。

どのタイプの授業にもいえるのは、

> 〝映える〟授業にしましょう、ということです。

保護者だって、説明ばかりの授業では眠くなります。授業を受ける子どもたちも参観する保護者も、ともに楽しめる工夫を演出しましょう。

「最後の懇談会」を計画する

保護者と語り合う最後の機会！　時間を割いて参加する保護者のために、しっかり準備をして最後の懇談会を迎えよう!!

教師が話す時間を確保する

「最後の授業参観」が終わったら、次は「最後の学級懇談会」です。いくら最後とはいえ、全員の保護者が参加することはないでしょう。でも、保護者に直接、1年間のお礼を言える最後の機会です。この学級になってよかった……と思ってもらえる懇談会にしたいものですね。そのためには、しっかりと準備をして最後の懇談会を迎えましょう。
担任から話すことは、春休みの生活などの諸連絡を除けば、大まかに次の2つです。

①1年間の子どもの成長・頑張ったこと
②保護者への感謝の言葉

懇談会の進行は保護者（学級役員）がすると思いますが、教師が話す時間を確保してもらうように（ほとんど振ってくれるでしょうけれど）事前に打ち合わせをしておきます。

子どもの成長・頑張ったこと

「1年間の子どもの成長・頑張ったこと」は、具体的に語ることが大切です。4月からの変容を、例えばテストの平均点の伸びや忘れ物の改善の様子がわかるデータなどで示すことができると、具体的でわかりやすいです。

また、子どもたちの成長を語るときに、活動場面の写真や動画を流すのもいいものです。

授業や行事の写真だけでなく、掃除や給食などの保護者が普段見ることのない場面も喜ばれます。

「そんな小手先なことより、懇談会は話の中身が大事だろう」と思われるかもしれませんん。でも、担任からすると最後の懇談会ということで気合いも入っているかもしれませんが、保護者の立場からするとどうでしょうか？　授業参観で我が子の姿は見たいけれど、その後の懇談会なんて、よほど意欲のある保護者でない限り「できれば参加せずに早く帰りたい」のが正直なところかもしれません。だからこそ、せっかく出席してくれた保護者には「ここでしか見られない」特典を用意してもいいのではないでしょうか。

保護者への感謝の言葉

ここで大切なことは、「本当に保護者に感謝しているか？」ということです。保護者が学校や教師に対して協力・努力している姿は見えにくいものです。逆に、非協力的だったりクレームをつけたりする保護者の方が目立ちます。しかし、学級や学校は、実際には協力してくれる保護者のおかげで成り立っているのです。十分に意を尽くせるように、言いたいことをメモにまとめておくと言い忘れがありません。

なお、熱く語るのもいいですが、あまり長くなりすぎないようにしましょう。なかには、仕事を抜けてきている保護者もいます。「長いなあ」「またその話？」と思われないよう、予定時間内に終わるためにも、教師の話は短めがいいでしょう。

保護者も悩む「保護者からのひと言」

よほど人数が多くなければ、保護者からひと言ずつコメントをもらいましょう。でも、インターネットでは「最後の懇談会の挨拶で何を話せばいいか？」という保護者向けのサイトもあるくらい、保護者も悩んでいることがわかります。だから、あまり堅苦しい雰囲気にならないように、ざっくばらんな雰囲気づくりに努めます。

一般的には、保護者からのコメントは学校や教師に否定的なものは少ないです。でも、なかには教師自身が気づいていなかったことを言っていただき、次年度に生かすことができるものもあります。その年の学級づくりがうまくいかなかった場合は批判的なコメントが出るかもしれませんが、甘んじて受け止めましょう。

学級事務

子どもの「よさ」を認める賞状をつくる

〝美点凝視〟の賞状づくりで次年度への意欲を高める！
アイデアあふれる賞状で子どもの「よさ」を認めよう!!

〝美点凝視〟の精神を賞状づくりに生かす

十数年前、私が離島で勤務していたときの校長先生がよく話していたキーワードが「美点凝視」でした。子どもにはよい点もあれば、不十分な点だってあります。不十分な点ばかり見ていると、いつも腹が立ったり叱ったりすることばかりになります。

でも、よい点ばかりに目を向ければ、ほめることが多くなります。それを形にしたのがオリジナルの賞状づくりです。修了式、卒業式といった「最後の日」に、通知表とともに子どもたちの様々な「よさ」を表彰するのです。低学年はもちろん、高学年だって喜びます(最後の日に一人ひとりに賞状を渡す時間がとれなければ、その前日でもかまいません)。「最後の日」に渡すためには、それ以前に賞状をつくっておかなければなりません。年間を通して、そのような賞状を年度末に渡すことを想定して、頑張ったり目立ったりした子どもがいたら記録しておきます。でも、そういう目立った子だけを記録していくと、目立たない子が残ってしまいます。名簿でチェックしながら、３学期になってもまだ記録されていない子がいたら、その子を注目して見ていくようにしましょう。

オリジナル賞状づくり

作文系でも絵画系でも、賞状をもらえる子はその両方で同じ子が入賞して賞状をもらうことがよくあります。もらう子は複数の賞状をもらうし、もらわない子は６年間まったくもらわないのです。でも、どの子もそれなりに頑張っているものです。子どもたちの「よさ」を、頑張ってきたことを、最後に表彰してあげたいなあと思いませんか？

今はパソコンで自由に賞状をつくることができます。ほとんどの学校にはラミネーターがあるので、きれいで工夫された賞状をつくることができます。子どもたちにとっても、その学年のよい記念になるでしょう。では、何を表彰しますか？　例えば、皆勤賞、忘れ物ゼロで賞、むし歯ゼロで賞、本をたくさん読んだで賞……等々。子どもの「よさ」を、そのまま賞状にするのです。その場合、1年間の出欠や忘れ物の記録、読書冊数など、事前に調べておかなければなりません。

ただ、1点、問題があります。無欠席で忘れ物をせず、読書をよくする子はひとりで何枚も賞状をもらいます。賞状が多くなりすぎると、つくったり渡したりするのも大変です。そこで、ひとりに1つの賞状を渡す「オンリーワンの賞」の実践を紹介します。

オンリーワンの賞状づくり

例えば、皆勤賞だったら、欠席ゼロの子は全員その賞をもらいます。そういう、同じ賞を複数の子がもらうのもいいのですが、私は「一人ひとり違う賞にしたい」と思いました。

子どもたち一人ひとりの個性、言動、思い出に合わせた賞をつくるのです。

例えば、給食でおかずがあまったときに、よくおかわりをしてくれた子には「給食おかわり大賞」。修学旅行のバスの中で司会をしたり歌ったりして盛り上げた子には「修学旅行のバスを盛り上げたで賞」。掃除を頑張っていた子には「雑巾がけをする姿が美しかったで賞」等々です。

そのような、おそらく今後、どの学年でももらえないような賞をつくるのは教師自身も楽しいし、もらう子どもも楽しいものです。一人ひとり名前を呼ばれるときに、「次はどんな賞だろう?」とわくわくしながら待っているはずです。

ただし、調子に乗って教師がふざけすぎて、やりすぎることもあります。例えば「給食おかわり大賞」は太った子や女子には与えない方がよいでしょう。もらった子どもが傷ついたり、周りの子から（悪い意味で）笑われたりしないように、配慮はしなければなりません。

「全員を表彰する」ということは、「全員のよいところを見つける」ことにつながります。勉強もできない、運動も苦手な子に対して、どういう「よいところ」を見つけることができるのか、まさに〝美点凝視〟、教師の腕の見せ所です。

データファイルを整理整頓して次の担当へ引き渡す

不要なものは処分する！
次の担当が気持ちよく引き継げるように、3月中に整理整頓しておこう!!

学級事務

データファイルの整理整頓も教師に必要な技能

4月、あなたが担任する新しい学年や校務分掌が決まったとします。
さあ、やるぞ！とはりきって、さっそく学年通信や校務分掌の提案文書をチェックしようとしたら……、校内ネットワーク内に該当するフォルダはあるのに、その中に肝心のファイルがないのです。他のフォルダを探してもたくさんのファイルが残されており、目当てのファイルが見つかりません。前年度の担当者に尋ねると、違うフォルダに入っていたり、ファイル名が違う名前になっていたりします。

……このようなことって、経験ないでしょうか？　けっこう、よくあるのです。

これでは、探すたびに前担当者に尋ねなければなりません。前担当者がその学校に残っていればまだしも、転勤でいなくなっていると大変です。

今の時代、学校で使われるほとんどの文書は、データファイルで校内ネットワークに保存されています。紙の書類と違って、場所をとりません。とても便利です。それだけに、学年や校務分掌にかかわる年間の文書量は膨大になります。きちんと整理整頓されていなければ、探すだけで時間がかかります。便利なはずのデータによる保管で、かえって不便になるのです。

今の時代の学校では、リアルな教室や教材・教具の整理整頓だけでなく、

データファイルの整理整頓も教師の重要な技能の1つなのです。

「整理」と「整頓」の違い

よく「整理整頓」とひとまとめにして言われることが多いのですが、「整理」と「整頓」の違い、ご存じでしょうか?

明鏡国語辞典によると次のように示されています。

【整理】①乱れた状態のものをきちんと整えること。「交通―」「―整頓」②不要なもの、むだなものを処分すること。「古い書類を―する」

【整頓】乱れたものを片づけて、ととのった状態にすること。また、片づいて、ととのった状態になること。「持ち物を―する」「整理―」

違いがわかりますか? どちらも似たような意味ではあるのですが、「整理」にはその2番目の意味が示すように「処分する」=捨てる、という意味も含まれています。「整頓」にはそれがありません。例えば企業などで社員を削減する「人員整理」という言葉はあっても「人員整頓」はないのです。
だから、整理整頓のコツは、

まずは「整理」—不要なものを処分—した上で「整頓」するのです。

不要なものが残っている状態で、整頓することはできないからです（これはデータだけでなくリアルな整理整頓でも同じです）。「次の担当が使うかも」と思うとなかなか捨てられません。データは場所をとらないので「とりあえず、残しておこう」と思いがちですが、ファイルが多すぎる上に整頓もされていないとかえって次の担当が困ってしまいます。
年度末は、断捨離の季節。この機会に、思いきって削除しましょう。

文書データだけでなく写真データも整理整頓

学年通信、提案文書、保護者向け文書、子どもの当番表、教科で使用するプリント類……、1年間の文書類のデータは膨大な量になります。当たり前のことですが、ファイル名には行事名や提案日等を入れて、該当するフォルダに保存します。

「日付は後で入れよう」と思ったり「後で（該当する）フォルダに入れておこう」と思ってとりあえずデスクトップに貼りつけたりすると、年度末までそのままになります。

さらに、文書だけでなく写真のデータもあります。デジカメで気軽に撮ることができるので、大量の写真データが残されることになります。必要な写真ならまだしも、ピンぼけした写真や、地面しか写っていないなど明らかに失敗と思われる写真もたくさん残っています。デジカメのデータを精選せずにまるごとコピーするとそういうことが起こるのです。

デジカメのデータはまるごと保存せず、失敗した写真は削除して保存しましょう。

年度末にすべての写真データを整理整頓するのは大変です。写真を撮影したときに、その都度整理整頓した方が早いのです。

次の担当に気持ちよくデータを使ってもらえるようにしておきましょう。

第5章

「学級最後の日」を演出する

学級文集・卒業文集で一期一会の証をつくる

1年の思い出を詰め込んだ文集をつくる！
二度と同じクラスになることはないこのメンバーで、一期一会の証をつくろう！

文集をつくるのはなんのためか？

私の本棚には、小学校や中学校のときにつくった文集がいまだに並んでいます。ほとんど読み返すこともないのですが、それでも、捨てられません。私にとっては、その時代の思い出とともに、文集も大切な宝物の1つになっているんだな……と思います。

そうです！　1年の終わりが近づいてきたら、学級文集（6年生なら卒業文集）をつくる時期です。でも、学級文集は〝絶対になくてはならないもの〟ではありません。では、いったいなんのために文集をつくるのでしょう？　もちろん、答えは1つではなく、教師によって異なる答えがあって当然です。

私なりの答えは、次のようなことです。

> 1年間をふり返り、思い出を文章や絵にまとめ、そのクラスのメンバーがともに過ごした証をつくる。

その年のクラスのメンバーが、その後、（担任も含めて）同じクラスになることはほぼありません。たまたま、同じ年度に生まれ、同じ校区に住み、同じクラスになるという偶然の積み重ねによるものです。もしかしたら、クラスが変わったり中学校に進学したりしたら、もう二度と会話をすることもない友達もいるかもしれません。

文集は、そういう〝一期一会〟であるクラスのメンバーとともに過ごしたという〝証〟なのです！

文集の原稿は1～2学期から書き始める

子どもたちが文集をつくるのが初めてなら、教師がプロットを提示してもよいのですが、経験があるなら子どもから実行委員会を募って計画を立てさせてもいいでしょう。経験がなくても、過去の文集があれば参考にしてつくることもできます。

どちらにしても、あまり盛りだくさんの内容にすると、書く時間がたりなくなるので注意が必要です。ただでさえ、年度末は忙しいのですから。

私は、年間を通して取り組んでいた二百字作文からいくつか文集に入れていました。年度はじめに書いた「自己紹介」や各行事の後に書いた感想などです。このように、

文集に入れることを前提に、1～2学期に少しずつ原稿を書かせておきます。

テーマによっては全員分印刷して掲載するものもありますが、多くはその子が書いた二百字作文をその子の文集にそのまま綴じ込みます。そうすることで、世界に1冊の、その

子だけの文集になるのです。

文集の表紙も1つの思い出

文集には、表紙が必要です。その表紙、誰に描かせますか？
多いのは、次のパターンです。

・希望者、または絵の得意な子に描いてもらう
・学級の集合写真を載せる

どのクラスにも、絵の得意な子はいるものです。希望者を募ると、描きたい子のひとりやふたりはいるでしょう。希望者が多い場合は、表紙と裏表紙に分けたり、中表紙に入れたりと、イラストを入れる場所を増やします。

デジカメやパソコンが普及してからは、手軽に写真を載せられるようになったので、クラスの集合写真を表紙にしている文集も多いです。数年経ってから読み直すときに、写真

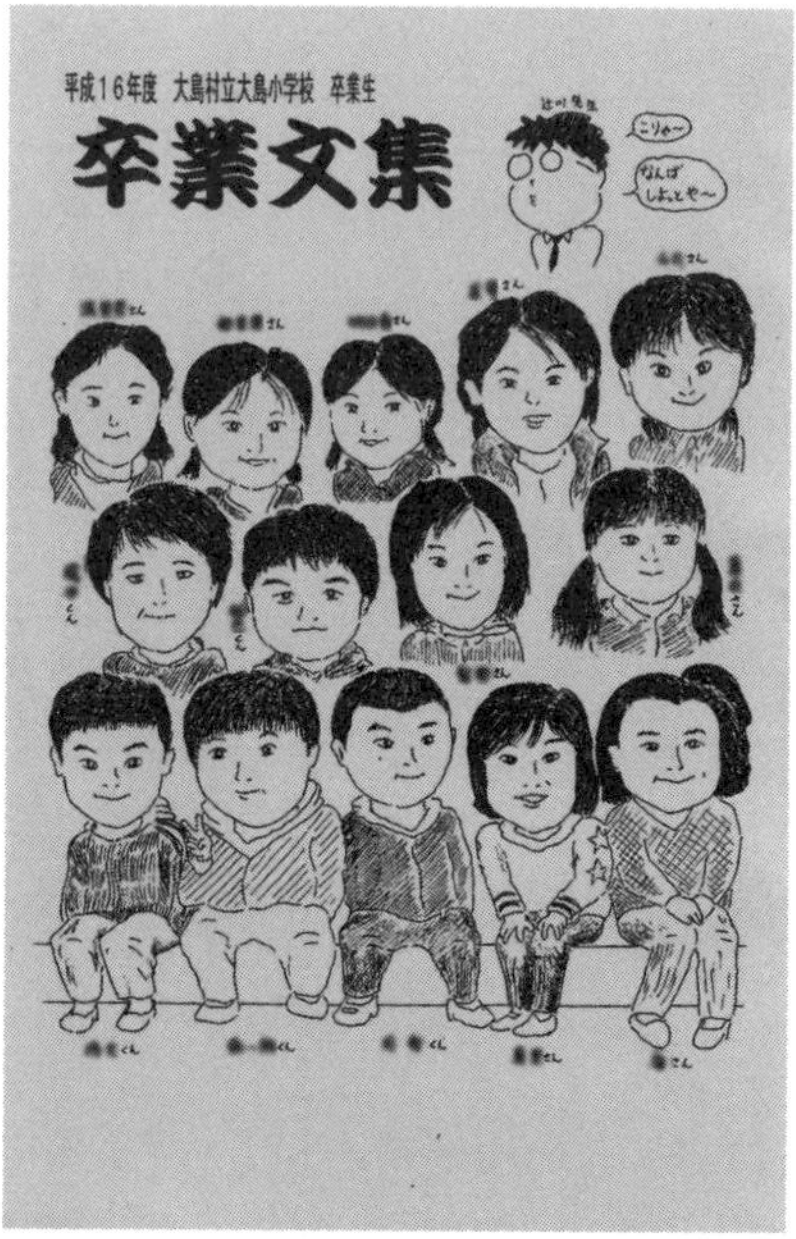

があると当時のことが懐かしく思い出されます。

上図は、私が当時担任していた14人の6年生の似顔絵を一人ひとり描いたものです。似ているか似ていないかはともかくとして、子どもたちは（たぶん）喜んでくれました。これ以上の人数になると似顔絵を描くのも大変ですが……。

このように、「教師が表紙を描く」というパターンもあります。似顔絵ではなくても、教師が想いを込めて描いた表紙は子どもたちも喜びます。

子どもの文章は教師が必ず目を通す

最後の1週間はそろそろ印刷・製本をする時期ですが、その前にやることがあります。誤字脱字の確認・修正はもちろんですが、

> 気をつけるのは「人権上問題のある表現（差別的な表現）」です。

本人にはそのつもりがなくても、読んだ人が傷つくようなネガティブな表現をすることがあります。そうならないように、書き始める前に「読んで〝嫌な思い〟をする人がひとりも出ない文集にする」ということを伝えておきます。いくら実際の出来事や本当に思ったことだとしても、趣旨に反することは書かないように子どもたちに念を押しておくのです。もし書かれていた場合は、本人に納得させた上で修正させます。

子どもが文集の執筆者なら、教師は編集長です。何度も読み返したくなる、素敵な思い出の詰まった文集になるように、教師がしっかり目を通しておきましょう。

慣用句で自分を戒める心構えをもたせる

「あと少し」だからこそ！　今まで通り、今まで以上に「当たり前のこと」を当たり前にやり通す心構えをもたせよう！

どんな6年生として卒業したいのか？

私は、4月、新しい学級を受け持つと、子どもたちに必ず問うことがあります。それは、「どんな○年生になりたいですか？」ということです。これを6年生に問うと必ずといっていいほど「下級生のお手本となる6年生になる」という答えがあります。ところが、3

月にもなれば、そのようなことは忘れてしまっている子がほとんどです。

そんな子どもたちに、今一度「どんな6年生として卒業していきたいか？」を問いかけます。自分たちの姿を客観視させるのです。その上で、次のような〝自分自身を戒める言葉〟を教えます。

立つ鳥跡を濁さず

卒業学年を担任する教師の多くは、年度末になると〝最後〟にまつわる言葉を子どもたちに教えたくなるものです。私も例にもれず、6年生を担任した年には、いきなり黒板に「立つ鳥跡を濁さず」と書いて、辞書で意味を調べさせる、ということをよくやりました。この言葉、広辞苑には次のように示されています。

> 立ち去る時は、跡を見苦しくないようによく始末すべきである。また、退き際はいさぎよくあるべきである。

「立つ鳥」とは誰のことか確認します。当然、自分（6年生）たちのことです。続いて、「跡を濁す」とは、例えばどういうことなのかを考えさせます。グループで相談して発表させます。「教室が汚い」「教室の片づけがされていない」など、〝見た目〟のことが出ますが、それだけでなく「6年生がきまりを守らなかったり、けんかをしたり、物を壊したりすることも、『跡を濁す』ことになります」と教えます。

つまり、「跡を濁さない」ためには、その逆のことをすればいいのです。

・教室をきれいに掃除する、整理整頓する
・きまりを守る
・けんかや物を壊すなどの乱暴なことをしない

当たり前のことを当たり前にすることが「跡を濁さず」ということです。特に、卒業前には子どもたちの意識を高めるためにも、このような言葉を教えておきます。

有終の美を飾る

「有終の美を飾る」という言葉も教えます。広辞苑では次のように示されています。

最後までやり通し立派な成果をあげること。優秀完美。「…を飾る」

「何を、最後までやり通すのでしょう?」と、子どもたちに問いかけます。「最後まで」ということは、今になって新たに始めるのではなく、今までにやっていたことということです。

例えば、毎日の挨拶に係や委員会の仕事、家庭学習等々。それらを「あとちょっとだから」「もうすぐ卒業するから」と、いいかげんにしたり、さぼったりするのではなく、「あとちょっとだからこそ」「もうすぐ卒業するからこそ」最後まできちんとやる姿を、後輩や他学年の教師に見せることが大切だと話します。そして、それこそが「立派な成果」になるのです。

卒業前の子どもたちはよくも悪くも注目されています。あわただしいこんなときこそ、子どもたちが浮かれて羽目を外さないように、今一度、自分自身を戒める心構えをもたせましょう!

子どもが企画するイベントで忘れられない思い出をつくる

子ども自身が考えた楽しい企画を行う「時間」と「場所」を確保する！
さりげないアドバイスでラストイベントにふさわしい内容にしよう!!

子どもが企画するイベント

ラスト3日間ともなると、子どもたちはもうソワソワして授業どころではありません。このあたりで、めちゃくちゃ楽しいイベントをやって、子どもたちに忘れられない思い出をつくりましょう！　いわゆる「お楽しみ会」というものです。

お楽しみ会（名称はなんでもいいのですが）には、次の２種類があります。

①子どもたちが企画して行うイベント
②教師が企画して行うイベント

ここでは①について述べます。これは、教師は実施日と時間・場所だけを確保しておき、内容は子どもたちに任せるイベントです。

普段から「遊び係」のような係がいればその子たちに任せてもいいし、特別に「ラストイベント実行委員会」を募集してもいいでしょう。

子どもたちに念を押しておくことは、次の４つです。

❶内容やルールはクラスの全員が納得したものにすること
❷準備から司会・進行まで、すべて子どもたちで行うこと（画用紙やマジック等、必要なものがあれば教師に相談する）
❸プログラムができたら、教師に見せて許可を得ること

❹ひとりも悲しい思いをしないようにすること

1～2学期の学期末にもこのように子どもに企画させたイベントを経験させておくと、スムーズにいくでしょう。時間内であれば、1つのものを長時間やっても、複数のものを短時間で次々にやってもよいことにします。

教師のアドバイスで、ラストにふさわしいイベントにする

子どもたちに任せるといっても、いざ任せてみると1～2学期のお楽しみ会と同じようなものになることが多いです。子どもたちが楽しめばそれでもいいのですが、せっかくなら「最後」という感じを演出しましょう！

子どもたちが企画したプログラムをチェックした際に「最後だから〝ひとりひと言〟を言ってもらおうよ」「終わりの言葉に、1年間をふり返る内容を入れたら？」などとアドバイスをします。

子どもたち自身の手で行った形をとりつつも、教師が手を入れて「ラストイベント」に

ふさわしいものにするのが、デキる教師というものです。
以前、６年生の係の子が企画したイベントは、次のような内容でした。

はじめの言葉→班ごとの出し物→ドッジボール→バスケットボール
→ひとりひと言メッセージ→先生の話→終わりの言葉

このときは、やりたい遊びがドッジボールとバスケットボールに分かれたのですが、「最後だから両方やっちゃえ！」ということで、２つとも行いました。年によっては、クイズ大会が入ったり簡単なお菓子づくりが入ったりします。（最近は、アレルギーや新型コロナウイルス感染症の関係で調理系は難しいですが）
ゲームに入って一緒に楽しく遊ぶ教師もいますが、私はゲームには入らず、外から子どもたちの様子を見ていました。この時期、運動系のイベントで気をつけるのは、なんといっても〝けがをさせないこと〟です。修了式・卒業式直前にけがをしないよう、危険な行為やけんかの前兆になる行為があったら、すぐに止めに入ります。
そのためにも、教師は一緒に遊ぶより、外側からしっかり見ておくことが大切です。

教師が企画するイベントで忘れられない思い出をつくる

くだらない!?ことほど盛り上がる！　教師だからこそできるラストイベントを企画して、忘れられない思い出をつくろう！

教師が企画するイベント

教室で食べ物を食べるイベントには数々の先行実践があります。『6年の学級経営・絶対成功する年間戦略』（古川光弘著　明治図書）には、古川氏が学級担任のときに取り組んだ、学級全員でカップラーメンを食べるといった実践があります。また、向山洋一氏の学級通信「スナイパー」には、保護者を巻き込んだ〝お菓子の部屋〟の実践もあります（『向山洋一年齢別実践記録集　第12巻』向山洋一著　東京教育技術研究所）。おふたりの実践をくわしく知りたい方は、前掲書をご覧ください。ここに紹介した実践ほどダイナミックではありませんが、私も6年生を担任した年には「お菓子パーティー」を敢行しました。子どもたちに、「他の学年や兄弟には絶対秘密だ！」と念押しして（もちろん管理職の承諾をとっています）、好きなお菓子をひとり一袋ずつ持ってこさせます。ジュースで乾杯し、お菓子の袋を開けて、好きな友達とおしゃべりしながら、どのお菓子も自由に食べてよいというイベントです。ただし、昨今では食物アレルギーや新型コロナウイルス感染症の心配があるので、学校での飲食は難しいでしょう。

たかがジャンケン、されどジャンケン

私がよくやっていたのは、ジャンケントーナメントです。全員が立ち上がり、ふたり組になってジャンケンをして、負けた子は座ります。その際、黒板にトーナメント表を書いて子どもたちのネームプレートをランダムに貼り、勝ち上がった子のネームプレートを上

げていくと盛り上がります。決勝戦のみ、対戦するふたりを教室の前に出し、先に3勝した方が勝ち、とします。優勝者は、担任（つまり私）と勝負する権利を得ることができます。優勝者VS担任。いつも子どもたちは大歓声で盛り上がりました。

ラストイベントでは、通常のジャンケントーナメントに加えて、1学期からの優勝者だけの「歴代チャンピオン大会」を開催します（1学期から、優勝者を撮影して掲示しておきます）。意外に、おとなしい子が優勝して、予想外の活躍の場になることもあります。たかがジャンケン、されどジャンケンなのです。

席替えだってイベントになる！

子どもたちは席替えが大好きです。どの席になるのか、子どもたちにとっては大問題！いかに教師から離れた、死角になる位置になれるか？　好きな友達（同性でも異性でも）の近くになれるか？　毎回の席替えが勝負なのです。

席替えの間隔は一般的には1～2か月に1回程度ですが、ラスト3日は、〝毎日〟行いました。ネームカードをシャッフルして黒板の座席の表にパンパン貼っていきます。このときは、視力のよし悪しも関係ありません。だって、視力の低い子は1年間ずっと前の席にいたのです。最後くらい、後ろの席になりたいでしょう（ただし、シャッフル次第ですが）。そのかわり、最後の3日間は、板書を写す作業はできるだけなくし、どうしても板書するときは文字を大きく書きます。少々嫌な席になっても、1日だけでまた席替えがあると思えばがまんできます。令和2年3月には新型コロナウイルス騒動のため、私の勤務校ではいきなり「3日後から臨時休業（修了式の日のみ登校）」となりました。そのときには、残り2日間、「毎時間席替え」をしました。毎時間、高速シャッフルで最初の5分以内に席替えをすませるのです。ちょっと目まぐるしすぎて、さすがにこれはやりすぎだったなあと反省しました……。

ジャンケントーナメントも席替えも、文章にして書籍にするほどの大したイベントではありません。でも、そんなくだらないものほど、子どもたちは大喜びします。

> とにかく、ラストならではの〝特別感〟を演出する

ことが、子どもたちにとって忘れられない思い出になるのです。

最後の日前日

1年間使った教室に感謝の気持ちを表す

教室を使えることは当たり前じゃない!
1年間の感謝の気持ちを行動に表そう!!

感謝は日本の文化

かつて小規模校に勤務していた頃、改修のために数か月ほど校舎が使えず、すべての子どもの机・椅子を体育館に運んで授業をしていたことがありました。黒板をホワイトボードで代用したり体育は運動場でしかできなかったりと、大変な数か月でした。

長年教師をやっていると、このように教室を使えなくなることがあります。すると、教室を使えるだけで「ありがたい」という気持ちになるんですよね。災害で損壊したり避難所になったりして校舎を使えない経験をした子どもたちなら、なおさらでしょう。

もともと、日本人は〝物〟や〝場所〟への感謝の意を表す習慣があります。ぜひ、子どもたちにも教室への感謝の気持ちをもたせたいものです。

そこで、子どもたちに次のことを話します。

・教室を使えることは当たり前ではなく、ありがたいことだということ
・1年間、お世話になった教室に感謝の気持ちを行動で表すこと

でも、教室への感謝って、どう表せばよいのでしょうか？

感謝を挨拶で表す

すぐに行動化できるのは、挨拶です。

「感謝の気持ちを表すには、どんな挨拶をすればいいかな？」と問いかけます。すると「大きな声」「おじぎをする」などが出るので、その場でやらせたり、登校したつもりで教室の入り口で練習させたりします。うまい子には「上手だなあ。感謝の気持ちがよく伝わるよ！」とほめます。すると、登校して教室に入るときに、誰もいなくても、教室に向かって「おはようございます！」と大きな声で言う子が出てきます。ただ、これをやるなら「最後の日前日」ではなく、もう少し前から始めた方がいいですね。

感謝を文字で表す

もし学級文集をつくるなら、文集に掲載する短作文や川柳・短歌で「教室（校舎）への感謝」をテーマにするといいですね。でも、「教室への感謝」というテーマだとおおざっぱすぎて、子どもが書く内容に似たようなものが多くなってしまうかもしれません。

そこで重要なのが、教室を細分化することです。

細かく見ると、教室にはいろいろな物があります。机や椅子、黒板に黒板消し、手洗い場の蛇口、ランドセルを入れる棚等々、考えてみると子どもたちは実に多くの物にお世話になってきたはずです。細分化したテーマを板書し、偏らないように選ばせると、様々な〝物〟への感謝をつづった俳句や短歌ができあがります。

感謝を掃除で表す

もっとも一般的な感謝の表し方といえるのは、掃除です。サッカーの国際大会では、試合後に日本人サポーターが会場の掃除をする姿が世界的に称賛されています。また、２０１８ＦＩＦＡワールドカップで日本が敗退した後、ロッカールームがきれいに掃除してあったことも有名です。そのような「掃除」に関するエピソードを話し、１年間お世話になった教室を感謝の気持ちを込めて掃除しようとする意識を高めます。最後の掃除では、普段よりもきれいに、普段していないところも掃除させましょう。

こうやって、様々な形で感謝の気持ちを行動で表す活動に取り組ませます。〝何をするか〟が問題ではなく、〝なんらかの行動で表す〟ことが大切なのです。

最後の日前日

継続することとリセットすることを自覚させる

何を継続し何をリセットするのか、子ども自身の自覚が大切！
新年度に向けて、上手に切り替えられるように促そう!!

子どもたちの「4月以降」を見据えて……

いよいよ、明日で今の学級も終わりです。今の学年でもうやり残したことはない……と思っているあなた！　子どもたちが次の学年になったときのことを考えていますか？「この子たちの担任は4月からは自分じゃないから、関係ない」と思っていませんか？

たしかに、持ち上がりでなければ、担任が変わります。すると、せっかく1年間かけて頑張ってきたこと、よかったことを、パッタリしなくなってしまうことがあります。「これは、次年度も続けてほしいなあ」と思っていたのに、それではがっくりですね。

逆に、今の学年でやっていたことは忘れて、新担任のやり方に切り替えてほしいと思うものもあるでしょう。子どもにとっては、1年間やってきたやり方になじんでいるし、特に低学年は他のやり方を知りません。だから、次の学年で「去年のやり方の方がよかった」「〇〇先生はこう言っていたのに」など、不満をもってしまうことがあります。せっかく新しい学年になったのに、最初からつまずいてしまうと子どもにとっても新担任にとってもよくありません。

このように〝今の学年さえよければいい〟のではなく、子どもたちの「4月以降」を見据えて「継続してほしいこと」と「リセットしてほしいこと」を整理しておきましょう。

継続すること

子どもたちに、「今の学年でできるようになったり、一生懸命頑張ったりしてきたことは、どんなことですか？」と問いかけます。

それまでに教師が言い続けてきたり、子どもたち自身が意識を高くもってきたりしたことが出るでしょう。例えば、挨拶や返事、授業中の態度や姿勢等々です（もちろん、それ以外のことでもよいのですが）。もし、教師が考えている「継続してほしいこと」が出なければ、「あなたたちは、〇〇も頑張ってきたよね」などと言って追加します。

「でも、これらが次の学年でも自然にできるようになる……というわけではありません。ちょっと気が抜けると、あっという間にできなくなってしまいます」と言って、次のように板書します。

できるようになるスピードより、できなくなるスピードは何倍も速い。

「せっかく頑張ってきたことは、〇年生になっても続けてほしいなあ。担任じゃなくなっても、ちゃんとあなたたちを見ておくからね！」と、子どもたちが意識し続けられるように促します。（なお、このことは新担任にも引き継いでおきましょう）

リセットすること

リセットについては、単刀直入に子どもたちに伝えておきます。

「みなさんは、4月から○年生になり、担任も新しい先生になります。その先生には、その先生なりのやり方があります。今のやり方とは違うかもしれません。そんなときは、新しい担任の先生のやり方でやりましょう」

例えば、係や給食などのやり方、家庭学習の仕方などです。もちろん、新担任に前年度のやり方を聞かれたら答えればいいし、わからないことがあれば質問して、よりよいシステムになるよう話し合うことは必要です。でも、最初から「去年どおりのやり方」ばかり求めないように話しておきましょう。

「継続すること」も「リセットすること」も、教師が「続けてほしいなあ」「リセットしてほしいなあ」と思うだけでは何も変わりません。何を継続するのか、何をリセットするのか、子どもたち自身に自覚させた上で次の学年に送り出しましょう。

黒板に最後のメッセージを書く

子どもたちの心をつかむ黒板メッセージ！　担任だからこそわかる、子どもたちの心をくすぐる言葉やイラストを前もって準備しておこう!!

いろいろな黒板メッセージ

朝、登校してきた子どもたちが、教室に入って真っ先に目にする黒板に書かれたメッセージ。以前、黒板メッセージを毎日書いていた若い教師がいて、その熱意に感心したこともありますが、さすがに毎日は大変です。でも、始業式や行事のある日など、ここぞというときには黒板メッセージが活躍します。

最近は、インターネットで検索するとチョークで流行りのまんがやアニメを描いた「黒板アート」、背面黒板の時間割の欄に書かれた今後の未来予想等々、子どもたちの心をくすぐる言葉やイラストの情報が手軽に手に入ります。ＳＮＳを使いこなしている教師は、このような情報を入手して、子どもや保護者の心をつかむ素敵な黒板メッセージを書いているのです。

「最後の日」前日の夕方には、翌日に向けた最後のメッセージを書きます。ＳＮＳで検索した黒板メッセージがあまりにもすごいので、「自分には書けない」「何を書けばいいのかわからない」という教師もいますが、べつにすごいことを書く必要もないし、こう書かなければならないというきまりもありません。長々と書かなくても、ひと言でもいいのです。そのときの担任の気持ちでもいいし、名言でもいいのです。

とはいえ、その場でいきなり書こうとしてもやはり難しいので、どんなメッセージを書くか、あらかじめ考えておいた方がいいかもしれません。子どもたちが大好きなものや一生懸命取り組んできたことなど、担任だからこそわかることがあるはずです。それをメッセージの中に入れられたら、子どもたちを惹きつけるメッセージになるでしょう。

感動を押しつけない

こう書くと反感を買うかもしれませんが、黒板メッセージには次の側面もあります。

> 教師の自己満足

「それを言っちゃあオシマイよ」という声も聞こえてきそうです。ものすごい黒板アートを描いたり、熱い想いを長々と書いたりしても、心に響かない子どももだっているでしょう。「ふーん」で終わることもあるのです。

黒板メッセージは、あくまでもメッセージです。それ以上でもそれ以下でもありません。子どもの「先生すごーい！」という感想や、ましてやＳＮＳでの「いいね！」の数を気にして書くものではありません。

だから書くな、というのではありません。それまでの教師と子どもとの関係にもよるでしょう。そのことを承知の上で〝感動の押しつけ〟にならないようにしましょう。

黒板メッセージの効果

黒板メッセージは、必ず書かなければならないものではありません。学級通信のように後々まで残るものではないし、卒業式の日以外の黒板メッセージは保護者が目にすることもありません。見るのは学級の子どもたちのみです。

では、黒板メッセージはなんのために書くのでしょうか？

私なりに、次のような効果があると考えています。

> その日の子どもたちの心構えをつくる

始業式なら「今日から新しい学年が始まるんだ！」、運動会の日なら「よし、今日の運動会を頑張ろう！」など、その日に向けた心構えをつくることができるのです。

そして、修了式（卒業式）の日の黒板メッセージは、子どもたちの心に「この学年は、今日で終わりなんだ」ということを印象づけます。区切りをつけることで、「次は、〇年生になるんだ」ということを否応なく自覚させ、最後の1日に向けた心構えをつくることになるのです。

もう1つ、次のような効果もあります。

教師から一人ひとりへの言葉かけ

最後の日に、子どもたち一人ひとりと言葉を交わすことができれば、それが一番いいのです。でも、多くのプリント配付や修了式、通知表の配付など、最後の日はけっこうタイトなスケジュールです。全員と言葉を交わすことができるとは限りません。

でも、黒板メッセージは子どもたち一人ひとりが、「自分へのメッセージだ」と受け取ることができます。言葉は交わせなくても、教師の想いを一人ひとりに届けることができるのです。最後は、黒板メッセージの前で全員の記念写真を撮ると、いい形で最後を締めることができますね。

次ページは、私の勤務校の若い教師が書いた、修了式と卒業式の日の黒板メッセージです。許可をもらった上で紹介します。

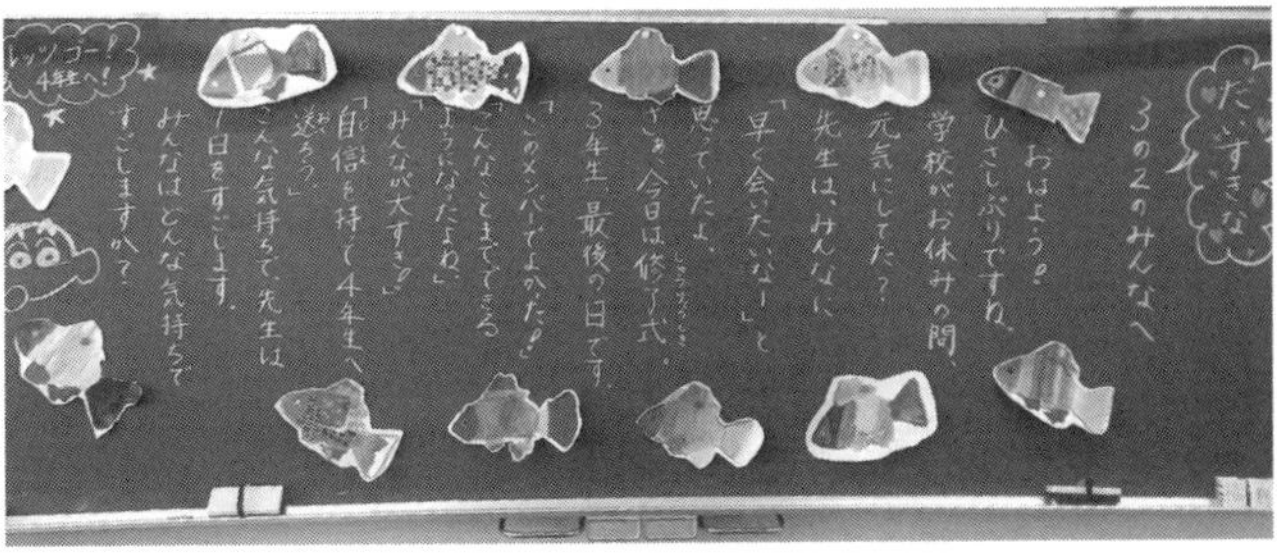

３年生の修了式の日の黒板メッセージ

６年生の卒業式の日の黒板メッセージ

最後の学級通信を書く

最後の日に出す最後の学級通信はやはり特別なもの！
教師の想いをあますところなく伝えよう!!

〝出さない〟という選択肢はない

「〝買わない〟という選択肢はないやろ」と、あやしい表情の笑福亭鶴瓶さんが宝くじのＣＭでつぶやいていましたが、学級担任であれば最終日の学級通信を「〝出さない〟という選択肢はない」でしょう。学級通信をバンバン出していた教師であればもちろん、あまり出していなかった教師はなおさら、最後はビシッときめましょう。

数回に分けてのシリーズだったり、事前に撮っておいた集合写真を載せたり、一人ひとりの〝いいところ〟を書いたりと、様々なパターンがあります。保護者に向けたものもあれば子どもに向けたものもあります。「こうでなければならない」というものはありません。

「じゃあ、辻川はどんな〝最後の学級通信〟を書いたんだ？」という疑問をおもちの方もいると思うので、私が教師16年目と3年目のときの〝最後の学級通信〟を紹介します。

ちなみに通信名がどちらも同じですが、私の学級通信はだいたい同じ名前なのです。

波佐見町立中央小学校6年1組学級通信「スパイス」№137（2011年3月17日）
「一期一会」
平成23年3月17日。卒業まで「あと〇日」を示したカウントダウンカレンダーも、ついに終了。とうとう今日の日を迎えました。みなさんがこのスパイス最終号をお読みになっている頃はすでに卒業式が終わった後でしょう。子どもたちの姿、いかがでしたか。立派な卒業式になっていたことでしょう。

小学校6年間のうちの2年間を担任させていただきました。小学校生活の実に3分の1を子どもたちとともに過ごしたことになります。この2年間、いろいろなことがありました。宿泊体験学習・修学旅行と、泊まりがけの行事を2度も経験しました。宿泊体験学習の前後ではインフルエンザが広がり、残念ながら参加できなかった子や当日に強制送還された子もいましたが、壱岐への修学旅行は最後まで全員参加することができて、ホッとしたことを覚えています。

運動会では、5年生のエイサー、6年生の龍馬伝。特に龍馬伝での3つの3段タワーは、前日まで3つ成功したことは1度もなかったのです。それが本番になんとか成功！　うれしかったですね……。

もちろん楽しい・美しい思い出ばかりではなく、子どもたちとの2年間は〝格闘〟と言っても過言ではありませんでした。でも、だからこそこの2年間は子どもたちにとっても私にとっても貴重な歳月となりました。

ほとんどの子どもたちは波佐見中学校で再び会えますが、佐世保市の中学校へ進学する子もいます。6年1組25人の子どもたちが揃うことは、今後はなかなかないでしょう。そう思うとこの2年間はまさに「一期一会」（子どもたちへ……中学生になるんだから「一期一会」の読み方と意味ぐらいは調べておこう）。子どもたちはそれぞれの中学校で、また新たな出会いがあります。それぞれの人生を進んでほしいと思います。ちなみに、カウントダウンカレンダー最後の1枚「あと1日」の言葉は、Mくんの「君らとつくった思い出は一生の宝物だよ」。最後の1日にふさわしいものでした。

1つ、おわびを。卒業文集、今日に間に合わせるよう頑張りましたが、とうとう間に合いませんでした。離任式のある3月24日に子どもたちに渡します。

5年1組から6年1組へと2年間、大切な子どもたちをおあずかりしてきました。子どもたちを成長させるべく、できる限りのことをやりました。至らぬ点も多々あったことと思いますが、保護者のみなさまには多大なご協力、ご支援をしていただき、本当に感謝しています。ありがとうございました。将来、さらに大きく成長した子どもたちと再会するのを楽しみに、2年間おあずかりした25人の子どもたちを、本日、たしかにお返し致します。

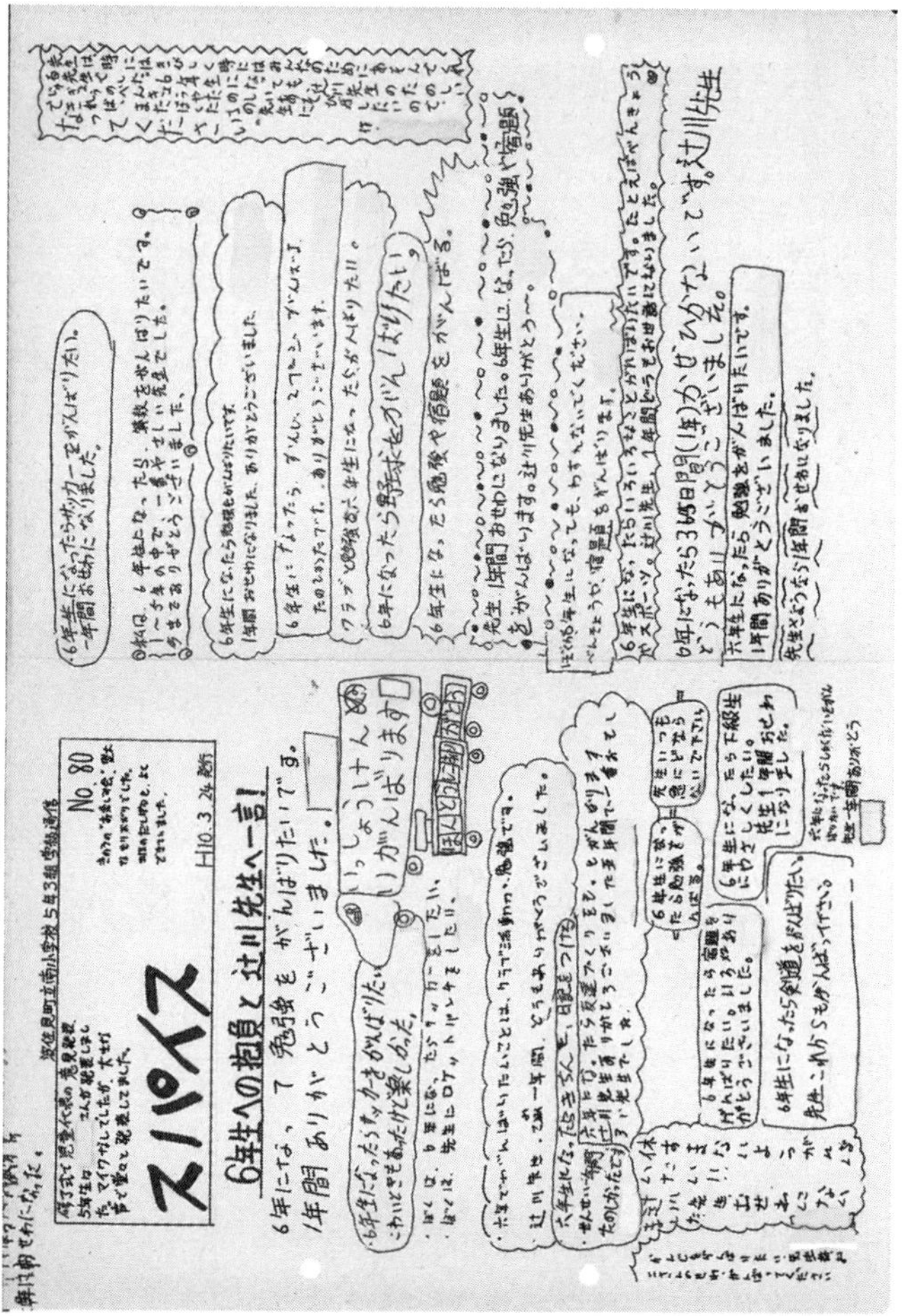
スパイス
No. 80
H10.3.24 発行
6年生への抱負と辻川先生へ一言!

波佐見町立南小学校5年3組学級通信

スパイス

No.81

H10.3.24発行

ごあいさつ

◇ とうとう五年生最後の日がやってきました。正確には三月三十一日までは五年生ですが、五年生としての学校生活は今日で終わりです。次に学校へ来るのは四月、六年生としてですね。

◇ この一年間、保護者のみなさんには大変お世話になりました。ありがとうございました。二月の懇談会の時にお礼を言わなければならなかったのですが、勘違いして、三月にも懇談会があると思って何にも考えずに二月の懇談会を終えてしまいました。最後の最後までドジな担任でした。

◇ ところで、もう御存知かもしれませんが、この度の異動で、私は南小学校を去ることになりました。転勤先は平戸市立根獅子小学校というところです。昨年の全校児童数六十七人、私にとっては初めての小規模校です。できることなら五年三組の子どもたちが卒業する日まで一緒にいたかったのですが、まあ私に二年も続けて担任されるとなると、子どもたちにとって大いに迷惑でしょうから、ちょうどよいのかもしれません。

◇ 男女の仲が良いクラスでした。男子が女子の家へ遊びに行ったり、女子が男子の家へ遊びに行ったり……。授業中にわからない子がいると、男子、女子関係なく教え合ったりしていました。
また、元気のあるクラスでもありました。休み時間に、友達をおんぶしてお互いにぶつかりあってガラスを割ってしまうくらい元気でした。

さすがにしかりましたが、子どもというものは、そのくらいエネルギーの固まりなんだな、と思いました。それだけのエネルギーを発散させる場を私がもっと作るべきだったんでしょうね。反省してます。しかしあの時、ガラスが派手に割れたわりには誰もけがをしていなくて、ホッとしました。

◇ 非常に個性的な集団でした。よかったこと、わるかったこと含めて、いろいろな事件がありました。正直言ってまだまだ気がかりなことも多いのですが……。

◇ このスパイス、No.1からずっと見ていくと、よくもまあこんなこと書いてたなあと思えるぐらいおかしな文もあれば、誤字・脱字もあり、むちゃくちゃでしたね…。なにしろ学級の子どもの名前さえ間違って書いたりしてますし。本当にすみませんでした。もっと計画的に書くべきだったのですが、どうもその時思ったことを行き当たりばったりに書きつつ一年が終わってしまいました。本当はNo.100ぐらいまで行きたかったのですが、1、2月にさぼったのがひびいて届きませんでした。量より質、ということにしておきます。(質すらありませんか)

◇ この一年間、学習面に対しても、生活面に対しても、満足な指導もできませんでした。保護者のみなさんには、いろいろとご不満な点やご迷惑もかけた点などいろいろあったことと思いますが、ここまでご協力していただいてありがとうございました。本当に、お世話になりました。

◇ 子どもたちが、立派に成長した姿に逢える日を楽しみにしております。

スパイス、本号をもって終了です。このきたない字につきあって読んでくださった方、ありがとうございました。

最後の日

「最後の5分」に担任の最後のメッセージを語る

ノープランで臨むな！　担任から子どもたちへ贈る最後のメッセージは、伝えたいことを短くまとめて簡潔に語ろう！

「最後の5分」のメッセージで、最後まで子どもを伸ばす

子どもたちと一緒にいられる時間ももう残りわずかとなった最後の5分。ただでさえあわただしい時間ですから、ノープラン（何をどう語るか、全然考えていないこと）だと、うまく伝えられなかったり連絡事項に終始してしまったりしてしまいかねません。それで

は子どもたちも「え、それで終わり?」とちょっとものたりない気持ちになります。
しかし、「たかが5分」ですが「されど5分」です。5分あれば、子どもを〝もうひと伸び〟させることができます。そのための最後のメッセージを、しっかり伝えましょう。
明治図書の月刊誌『授業力&学級経営力』では、年度末に担任が行う最後の語りを取り上げることがあります。２０１８年3月号で私が執筆した、２パターンの「贈る言葉」を紹介します。

「成長するもの・退化するもの」

６年○組のみなさん、卒業おめでとうございます。とうとうこの日がきましたね。入学してから6年間、いろいろありましたが、みなさん立派に成長しました。
ここで、質問です。

1年生のときよりも「成長」したと思うことはなんですか?

成長とは「大きくなった」「よくなった」「上達した」ものと考えてください。

……（子どもから意見を聞く。まとめると、次の4つにまとめられるだろう）
・体の成長（身長、体重等）　・学力（漢字、計算、その他）
・体力（足の速さ、力の強さ）　・心（思いやり、親切、その他）
たくさんありましたね。

では、もう1つ、質問です。


この中で、1年後、逆に今よりも「退化」する可能性があるものはなんですか？


「退化」とは「小さくなった」「悪くなった」「低くなった」ものと考えてください。……そうですね。成長期のみなさんは、身長や体重はまだまだ大きくなるでしょう。学力も、中学生になって今よりも低くなっては困りますね。体力だって、もっともっと伸びていくでしょう。

でも、「心」に関することは違います。「心」だけは、意識していないと急に成長が止まったり、逆に「退化」したりすることがあるんです。

心が「退化」するとは、なまけたり、ずるいことをしたり、友達に意地悪をしたりすることです。

先生からのお願いです。中学校へ進んでも、「心」が退化しないようにしてください。もちろん、つらいときや苦しいときもあります。「心」の成長が少し止まるときもあるでしょう。そんなときは、休んでもかまいません。でも、ときがきたら、また歩き出しましょう。

今度先生と会ったとき、みなさんの「心」がどれくらい成長しているか、楽しみにしています。


問いかけ形式の「贈る言葉」でした。本来、「退化」は成長の対義語ではありませんが、ここでは成長と逆行することの象徴として使用しています。別の言葉に置き換えてもいいでしょう。


「逆境で咲く花に」

6年○組のみなさん、卒業おめでとうございます。本日をもって、みなさんはこの○○小学校を卒業し、中学校へ進学します。楽しみでもあり不安でもあるでしょう。

中学校生活は勉強も難しくなるし、部活動も始まります。みなさんの生活が大きく変わるでしょう。おどすわけではありませんが、楽しいことばかりではありません。

どんなに勉強を頑張っても成績が上がらなかったり、練習に励んでもレギュラーになれなかったり、試合でなかなか勝てないこともあるかもしれません。

また、友達関係でも悩むこともあるかもしれません。何をやってもうまくいかない、というときもあります。そういうことをなんというか知っていますか？

「逆境」といいます。はっきりいえば中学校に限らず、みなさんのこれからの人生は「逆境」の連続なのです。怖くなってきましたか？　でも、だからこそチャンスなのです。

ディズニーランドやディズニー映画で有名なウォルト・ディズニーは、「逆境の中で咲く花は、どの花よりも貴重で美しい」と言っています。何の問題もない環境で咲く花より、風雨にさらされたり水が少なかったりする逆境の中で咲く花の方が価値が高いということです。人間も同じです。逆境の中でどれだけ頑張ることができるか。それが、あなたたちの価値を高めます。

そうはいっても、つらくてたまらない、もうこれ以上頑張れない、ということもあるかもしれません。そんなときは、そのときの担任の先生や友達を頼るのもいいでしょう。もし思い出したら、私を頼ってくれてもかまいません。あなたたちは卒業しても私の生徒ですから。いつでも連絡してください。

それでは、また会える日を楽しみにしています。


逆境に立ち向かう心構えと、もしものときに誰かとつながることを願った「贈る言葉」です。子どもたち全体を見渡し、一人ひとりの目を見ながら語ります。もし〝気になる子〟がいたら、その子の方を中心に見るなど臨機応変にします。

以上は当時担任していた6年生向けのメッセージです。低学年や中学年にはその学年に応じた言葉やメッセージがあるでしょう。この1年をふり返って、頑張った子どもたちの思い出を語ることもあるでしょう。また、次の学年で頑張ってほしいことや励ましなど、子どもたちと一緒に1年を過ごした担任だからこそ伝えたい何かがあるはずです。伝えたいことをしっかり伝えられるように、準備をしておくのです。

学級解散！「その瞬間」を演出する

最後の別れは明るく楽しく締めよう！
笑顔で、遊び心のある〝最後の瞬間〟を演出しよう!!

「その瞬間」とは

我ながら、ここまで書く必要があるのかどうか疑問なのですが……ラスト3か月の本当に最後の最後ですから、この本の趣旨からいっても書かないわけにはいきません。

そう、「その瞬間」についてです。

「その瞬間」とは、「最後の学活」での教師の最後の話も終わり、下校直前の、いよいよ最後の挨拶をするという、その瞬間です。

単学級のようにメンバーが変わらずに次の学年に上がるのでなければ、同じメンバーが同じ教室内で顔を合わせることはまずありません。普通にやれば「起立、気をつけ、帰りの挨拶をしましょう。さようなら」「（全員で）さようなら」といった感じでしょうか。でも、最後の日はいつもと違う、特別な挨拶で締めたいものです。

三本締め

私が好きなのは、「三本締め」です。勘違いしている人も多いのですが、「イヨーオ、パン！」とやるのは「一丁締め」。「パパパン、パパパン、パパパン、パン！」とやるのは「一本締め」。三本締めは、一本締めを３回くり返します。

> （日直または希望者）「これで〇年〇組を解散します！　お手を拝借！　せーの」
> （手拍子）パパパン、パパパン、パパパン、パン！

「よっ!」

(手拍子)パパパン、パパパン、パパパン、パン!

「もう一丁!」

(手拍子)パパパン、パパパン、パパパン、パン!

(日直)「これで、○年○組を解散しまぁーす! ありがとうございました!」

(全員)「ありがとうございましたぁ!」

全員でハイタッチをする

合いの手の「よっ!」「もう一丁!」は、元気のよい子に言わせてもいいでしょう。私は、全員に言わせました。三本締めを知っている子は少ないので、最初にやり方を説明して、一、二度練習してからやるといいでしょう。隣の教室の教師や子どもたちからは「何やってんだ?」と思われるかもしれませんが、いいのです。

最後のハイタッチは、教師と子ども全員でもいいし、子どもたちそれぞれが周りの子たちとやってもいいでしょう。ここで、教師がBGMを流すと、曲によっては感動的になります。

「最後のひとり」で賞

最後の挨拶をした後、教師対子ども全員でジャンケンをして、勝った子から握手をして教室を去るというやり方もあります。「最後の日なのに、ジャンケンで一番負けた子がかわいそうだ」と思われるかもしれません。ご安心ください。最後のひとりには、こっそりつくっておいた特別の賞状を渡します。その賞状には、次のように書かれています。

> 「○年○組　最後のひとり」で賞
>
> ○○○○様（その場でマジックで記入）
>
> あなたは○年○組教室を最後に出た、記念すべき〝最後のひとり〟です。○年○組だったという誇りをもって、４月からは○年生としてさらに頑張っていきましょう！
>
> 令和○年３月○日　○年○組担任　辻川和彦

最後に、こんな遊び心のある賞状を渡すのはいかがでしょうか？

子どもが帰ったその後に……

子どもが下校して終わりじゃない！
担任として、責任をもって〝最後の確認〟をしよう!!

子どもが帰ってから、もうひと仕事！

最後の挨拶が終わり、子どもたちの最後のひとりが教室を出ていくのを見届けると、その瞬間「ああ、終わった……」と、なんともいえない感慨に包まれます。

誰もいなくなった教室を見回しながら、充実感、満足感、そして少々の寂しさを味わうことができるのは、担任だけの醍醐味です。

しかし、これで担任としての仕事は終わりではありません。まだやることが残っています。それは、

忘れ物の確認

です。帰る前に、何度も「忘れ物がないように」「全部持ち帰るように」と言って確認させたはずなのに、ひとりやふたり、忘れ物をする子はいるものです。

子どもたちが下校したら、教室内の棚や机の中に忘れ物がないか、見て回りましょう。靴棚も忘れずに確認します。いつもの癖で、シューズを置いて帰っている子がいるかもしれません。学校に忘れ物をした子がいた場合、家庭に連絡して当日か春休みにとりにきてもらいます。また、図書室から借りた本を返していないこともあります。これも連絡して、借りていた本を持ってきてもらいます。

6年生の場合は卒業式前日にほとんどの物は持ち帰っているはずですが、それでも忘れ物をしてしまう強者がいます。その場合もやはり家庭に連絡します。「今日はご卒業おめ

でとうございました。ところで……」と忘れ物のことを切り出します。涙、涙でお別れしたはずの卒業生が、照れ笑いしながら職員室に「すみません……忘れ物をしたので教室へとりに行っていいですか?」と言いにきます。職員も、にやにやしながら「あれ~? また会ったね」と言いながら……まあ、全国で（たぶん）よくある光景でしょう。

ある卒業生のメッセージ

6年生を担任した、ある年の3月のことです。

卒業式を終え、涙、涙で子どもたちが下校した後、いつものように机の中を確認して回りました。すると、ある女の子の机の中に、1枚のメモ用紙が入っていました。

その紙には、次のように書いてありました。

> 一年間、がんばれ！ 進級おめでとう　ｂｙ卒業生

4月になれば、その教室には新6年生が入ってきます。始業式の日、自分の席に誰が座

ることになるかわからないけれど、その「誰か」へのメッセージを残していたのです。

そのメッセージには「進級」を「新級」、「ｂｙ」を「ｄｙ」と書いてありました。これからわかるように、そのメッセージを書いた子は学力が高い方ではありません。でも、とても心のやさしい子でした。その子なりに、次の6年生を励ましたくて一生懸命書いたのがわかります。

いつもなら、教室の机の中に残されていた紙切れなどは1つ残さずきれいに掃除をして、次の学年へ渡します。しかし、このときだけはその子の気持ちを考えて、このメッセージをそのまま机の中に残しておくことにしました。（誤字も修正しておきました）

4月、その席に座った子がどんな感想をもつか、ぜひ聞いてみたかったのですが……その3月末、私も転勤になりその学校を去ることになってしまったので、残念ながら感想を聞くことはできませんでした。しかし、この心温まるメッセージはいつまでも私の心に残ったのです。

おわりに

本書の企画が「GO!」になったのは、2020年3月。ちょうど、新型コロナウイルス感染拡大防止のため、全国の小・中・高等学校が臨時休業になっていた最中でした。

安倍晋三総理大臣が全国に臨時休業を〝要請〟したのが2020年2月27日夕方。早い地域では週明けの3月2日から、私の勤務校では3月4日から臨時休業になりました。ラスト3か月のうち、「最後の1か月」が突然なくなってしまったのです。

私は5年生を担任していましたが、3月にやろうと考えていたことは吹っ飛んでしまいました。教師人生で初めて（すべての教師にとって同じでしょうけれど）のことであり、世の中、いつ・何が起こるかわからない……ということを実感しました。

本書の冒頭に、「教室は連続ドラマだ」と書きましたが、この筋書きはさすがに予想できませんでした。3月に計画していたことができなかったのは残念ですが、あの時点では未知のウイルスから子どもを含めた国民の命を守るための措置ですから仕方がありません。

しかしその後、臨時休業中にもかかわらず多くの学校で卒業式だけは行われました。やはり子どもも大人も、「これで終わり」という区切りが必要なのです。

おわりに

最近の連続ドラマは、「続きは○○（ネット配信）で！」や「映画化決定！」などの展開もありますが、教室のドラマは3月で完結します。続きはありません。

最終回を意識させながらラスト3か月をじっくりと歩ませ、最高のゴール（終わり方）を迎えるための演出をする。そうすることで、子どもたちは次のスタート（新学年・中学校）に向けて歩み始めることができるのです。

最後に。ラスト3か月の学級づくり・仕事術に特化した本の企画を、よく通してもらえたものです。編集部の茅野現さんには、本当に感謝しています。ありがとうございました。

本書が、子どもたちも教師も充実したラスト3か月を過ごし、「あの学年、楽しかった！」と感じることの一助になれば、こんなにうれしいことはありません。

二度と、大事な年度末が失われることのないことを祈りながら……

２０２０年9月7日

特別警報級の台風10号による臨時休業の日に、自宅にて　辻川和彦

【著者紹介】
辻川　和彦（つじかわ　かずひこ）
1968年長崎県生まれ。1995年から教職に就く。現在，長崎県内の小学校に勤務。「佐世保教育サークル」に所属。「道徳のチカラ」の機関誌『道徳のチカラ』編集長。
〈編著〉『現場発！　失敗しないいじめ対応の基礎・基本』（日本標準），『掃除指導　完ペキマニュアル』『給食指導　完ペキマニュアル』『運動会指導　完ペキマニュアル』『学級会指導　完ペキマニュアル』（明治図書）

ラスト３か月の学級づくり

2020年12月初版第１刷刊
2021年２月初版第２刷刊

発行者　藤　原　光　政
発行所　明治図書出版株式会社
http://www.meijitosho.co.jp
（企画）茅野　現（校正）嵯峨裕子
〒114-0023　東京都北区滝野川7-46-1
振替00160-5-151318　電話03(5907)6702
ご注文窓口　電話03(5907)6668

＊検印省略

組版所　株　式　会　社　カ　シ　ヨ

Printed in Japan　ISBN978-4-18-332921-9